SCHMITT 1984

ŒUVRES COMPLÈTES

DE

# SIR WALTER SCOTT.

Traduction Nouvelle.

PARIS,

CHARLES GOSSELIN et A. SAUTELET ET C°

LIBRAIRES-ÉDITEURS.

M DCCC XXVIII.

ŒUVRES COMPLÈTES

DE

# SIR WALTER SCOTT.

TOME SECOND.

IMPRIMERIE DE H. FOURNIER,
RUE DE SEINE, N° 14.

# HISTOIRE D'ÉCOSSE

RACONTÉE

## PAR UN GRAND-PÈRE

A SON PETIT-FILS.

DÉDIÉE

A HUGH LITTLEJOHN, ESQ.

TOME SECOND.

(Tales of a grandfather, being stories taken from Scottish history, etc.)

# HISTOIRE D'ECOSSE

RACONTÉE

## PAR UN GRAND-PÈRE

A SON PETIT-FILS.

(Tales of a grandfather, being stories taken from Scottish history, etc.)

## CHAPITRE XVI.

RÉGENCE DE ROBERT, DUC D'ALBANY. — BATAILLE D'HARLAW. — RÉGENCE DE MURDAC, DUC D'ALBANY. — EXPLOITS DES ÉCOSSAIS EN FRANCE. — RETOUR DE JACQUES I<sup>er</sup> EN ÉCOSSE.

ALBANY, frère de Robert III, fut alors régent de ce royaume, dans lequel il exerçait depuis long-temps le pouvoir suprême. On suppose aisément qu'il ne se donna pas beaucoup de peine pour obtenir la délivrance du prince Jacques, son neveu, dont le retour en Écosse aurait mis fin à son pouvoir. C'était, comme nous l'avons vu, un méchant homme, aussi cruel qu'ambitieux, mais qui rendait exactement la justice, et qui prenait grand soin de ne pas mettre de taxes sur le peuple.

Le château de Jedburgh, que les Anglais avaient toujours occupé depuis la bataille de Durham, venait d'être repris par les habitans des frontières où coule le Teviot, et il fut décidé qu'on le raserait, afin qu'il n'offrît plus à l'ennemi un retranchement à l'abri duquel il pût faire des incursions en Écosse. Pour payer les hommes employés à la démolition de cette grande et redoutable forteresse, on proposa d'établir une petite taxe de deux *pence* (quatre sous) sur chaque feu. Mais le régent déclara qu'il paierait cette somme tant sur ses propres revenus que sur ceux de la couronne, ne voulant pas, dit-il, commencer son règne par une mesure qui pèserait sur les pauvres.

Sous d'autres rapports, Albany était un être souverainement méprisable. Il n'avait pas même le mérite d'être brave, qualité si commune dans son siècle et dans sa famille; et, quoiqu'il ait eu plusieurs guerres à soutenir contre l'Angleterre, il n'y obtint jamais ni gloire, ni succès.

L'un des événemens les plus remarquables de sa régence fut la bataille d'Harlaw. Elle fut livrée par un prince nommé Donald des Iles, qui possédait toutes les îles situées dans la partie occidentale de l'Écosse. Il avait aussi de grandes propriétés sur la terre ferme, et il avait la prétention d'être un souverain indépendant.

En 1411, ce Donald prétendit avoir des droits au comté de Ross, alors vacant, que le régent avait résolu de donner à un membre de sa propre famille. Donald des Iles leva dix mille hommes, tous montagnards comme lui, et se jetant dans le nord de l'Écosse, il pénétra jusqu'à un endroit nommé Harlaw, à environ dix milles d'Aberdeen. Il y trouva le comte de Mar, à la tête d'une armée inférieure en nombre, mais composée de gentilshommes des basses terres, mieux armés et mieux disciplinés que les soldats de Donald. Il s'ensuivit une bataille terrible, dans laquelle les deux partis essuyèrent de grandes pertes. Du côté de Donald, mille hommes restèrent sur le champ de bataille, et les chefs des clans Mac-Intosh et Mac-Lean furent au nombre des morts. Mar perdit environ cinq cents braves gentilshommes, entre autres Ogilvy, Serymgeour, Irvine de Drum et d'autres guerriers célèbres. Mais les montagnards eurent le dessous, et furent obligés de battre en retraite; ce qui fut fort heureux pour l'Écosse; car autrement ce peuple, alors sauvage et barbare, eût envahi toute la partie civilisée du pays, et en eût probablement fait la conquête. On parla long-temps de la bataille d'Harlaw, à cause du courage qui y fut déployé de part et d'autre.

Le régent Albany mourut en 1419. Il fut remplacé

dans ses hautes fonctions par son fils Murdac, qui n'avait ni les vices ni les qualités de son père. Le feu duc était actif, rusé, soupçonneux, et, du moins sous un rapport, il suivait une sage politique. Le fils était mou et indolent, d'une simplicité et d'une apathie extrêmes, et se laissant aisément tromper. Il éclata dans le pays et au sein même de sa famille une foule de troubles et de discussions qui avaient été comprimés par la main puissante de son père. Il ne se passa rien de bien mémorable sous la régence de Murdac; mais elle devint célèbre par la gloire dont les Écossais se couvrirent dans les guerres de France.

Vous vous rappelez qu'un corps de chevaliers français était venu en Écosse pour servir d'auxiliaire aux Écossais contre l'Angleterre. Les Écossais, pour reconnaître ce service, envoyèrent à leur tour un corps de troupes en France pour aider le roi de ce pays à repousser Henry V, roi d'Angleterre, qui semblait sur le point de l'expulser du royaume et de s'emparer de sa couronne. Ce corps, composé de six à sept mille hommes d'élite, était commandé par John Stewart, comte de Buchan, second fils du régent Robert, qui avait sous ses ordres Lindsay, Swinton, et d'autres guerriers non moins célèbres. Ils remportèrent une grande victoire sur les Anglais, qui étaient alors commandés par le duc de Clarence, frère de Henry V. Ce prince, apprenant qu'il y avait un corps d'Écossais campé près d'une ville nommée Baugé, et furieux que les Écossais, non contens de défendre leurs frontières contre les Anglais, vinssent encore les inquiéter en France, s'y rendit en toute hâte pour les surprendre. Il laissa derrière lui ces célèbres archers qui avaient si souvent décidé la victoire, parce qu'il comptait sur la rapidité de sa marche, ayant entendu dire que les Écossais observaient peu de discipline, et n'étaient point sur leurs gardes. Il arriva à Baugé, suivi seulement de ses chevaliers et de ses hommes d'armes à cheval. Le duc, qu'on reconnaissait à la richesse de son armure et à une couronne d'or qu'il portait sur son casque, força le passage d'un pont à la tête de sa cavalerie, et il s'élançait en avant, lorsque les chevaliers écossais parurent tout à coup. Sir John Swinton courut au duc de Clarence, le précipita de son cheval avec sa lance, et le comte de Buchan lui fit sauter la cervelle avec sa hache d'armes. Un grand nombre de nobles et de chevaliers anglais furent tués dans cette rencontre, qui eut lieu le 22 mars 1421. Le roi de France, pour récompenser la valeur des Écossais, créa le comte de Buchan connétable de France (l'une des plus hautes dignités du royaume) et comte d'Aubigny.

Les Écossais, excités par la gloire et par la fortune que leurs compatriotes avaient acquises en France, y accoururent en plus grand nombre encore, et le comte de Douglas lui-même fut tenté d'y conduire une petite armée, dans laquelle l'élite de la noblesse du sud de l'Écosse s'empressa de s'enrôler. Les seigneurs qui ne pouvaient partir eux-mêmes envoyaient leurs frères et leurs fils. Sir Alexandre Home de Home avait d'abord eu le projet de prendre ce parti, et son frère, David Home de Wedderburn, s'était équipé pour cette expédition. Le Chef se rendit lui-même jusqu'au vaisseau pour voir partir le comte de Douglas et son frère ; mais lorsqu'il fut au moment de prendre congé de son vieux compagnon d'armes, le comte lui dit :

— Ah! sir Alexandre, qui aurait dit que vous et moi nous nous serions jamais quittés ?

— Et cela ne sera pas dit non plus, milord, s'écria sir Alexandre : et changeant tout à coup d'idée, il renvoya son frère David pour veiller sur son château, sur ses biens, sur sa famille, partit pour la France avec son vieil ami, et mourut avec lui à la bataille de Verneuil.

Le comte de Douglas, dont la réputation était si grande, fut comblé d'honneurs par le roi de France, qui le créa duc de Touraine. Le comte avait coutume de tourner en ridicule le duc de Bedford, qui agissait alors en France en qualité de régent pour Henry VI, et il ne l'appelait que *Jean à l'épée de plomb*. Le 17 août 1424, Douglas reçut un message du duc de Bedford, lui annonçant qu'il était dans l'intention de venir lui demander à dîner. Douglas comprit sans peine la nature de la visite qu'il allait recevoir, et il lui fit répondre qu'il serait le bienvenu. Les Écossais et les Français se préparèrent au combat, mais le comte de Douglas, qui trouvait leur position favorable, était d'avis d'attendre les Anglais, au lieu d'aller à leur rencontre. Cependant le général français, le comte de Narbonne, insista pour qu'ils attaquassent les premiers, au lieu de conserver leur position, et mettant son corps d'armée en mouvement, il déclara que les Écossais feraient ce qu'ils voudraient, mais que pour lui il courait au combat.

Douglas se vit forcé de suivre son exemple; mais ses troupes n'étaient pas en bon ordre. Pendant ce temps les archers anglais décochèrent leurs flèches contre les Français; leurs hommes d'armes chargèrent, et la déroute de l'armée alliée fut complète. Douglas et Buchan défendirent le terrain pied à pied, firent des prodiges de valeur, et périrent noblement. Home, Lindsay, Swinton et la plus grande partie des Écossais auxiliaires partagèrent leur sort.

Le grand comte de Douglas qui périt à Verneuil fut distingué du reste de sa famille par le surnom de *Tin-Man*, *l'homme aux défaites*, attendu qu'il avait été vaincu dans les grandes batailles d'Homildon, de Shrewsbury, et en dernier lieu dans celle de Verneuil, où il perdit la vie. George, comte de March, son contemporain et son rival, jouit au contraire d'un bonheur soutenu; soit qu'il se battît du côté des Anglais ou du côté des Écossais, son parti était toujours vainqueur. Les faibles débris de l'armée écossaise furent réunis par Charles de France; il en forma un régiment de ses gardes, qui fut conservé pendant un bien grand nombre d'années.

Revenons maintenant à l'Écosse, où le régent Murdac, bien loin de pouvoir régir l'état, ne pouvait parvenir à gouverner ses deux fils. C'étaient deux jeunes libertins, fiers et insolens, qui ne respectaient ni Dieu ni les hommes, ni surtout leur père. Leur inconduite était si grande, que Murdac commença à penser qu'il n'avait d'autre moyen de mettre un terme à leurs excès que d'obtenir de l'Angleterre la délivrance de Jacques, et de se démettre de son autorité entre les mains de son roi légitime. On dit que ce fut un acte d'effronterie extraordinaire de son fils aîné qui le détermina à prendre ce parti.

A cette époque la chasse aux faucons était l'amusement favori de la noblesse. Le régent Murdac avait un faucon parfaitement dressé, dont il faisait le plus grand cas. Son fils aîné, Walter Stewart, le lui avait demandé plusieurs fois, et toujours son père le lui avait refusé. A la fin, un jour que le régent portait son oiseau favori sur le poing, ce qui est la manière de porter les faucons, Walter renouvela ses importunités, et ayant essuyé un nouveau refus, il lui arracha le faucon du poing et lui tordit le cou. Son père, grandement offensé d'une insulte aussi grossière, lui dit dans un accès de colère. — Puisque tu ne veux m'accorder ni respect ni obéissance, je ferai venir quelqu'un à qui il faudra que nous obéissions tous. Depuis ce moment il entra en négociation avec les Anglais pour qu'ils missent en liberté Jacques, alors roi d'Écosse.

Le gouvernement anglais se montra disposé à seconder ses vues, d'autant plus que Jacques était devenu amoureux de Jeanne, fille du comte de Somerset, qui était alliée de près à la famille royale d'Angleterre. Il considéra que cette union disposerait le jeune prince à vivre en paix avec l'Angleterre, et que l'éducation qu'il avait reçue et les liaisons qu'il avait formées dans ce pays contribueraient à maintenir la bonne intelligence entre les deux royaumes. Les Écossais consentirent à payer une rançon considérable, et à ces conditions Jacques, premier du nom, fut mis en liberté, et vint prendre possession du trône après une captivité de dix-huit ans.

# CHAPITRE XVII.

RÈGNE DE JACQUES I<sup>er</sup>. — EXÉCUTION DE MURDAC, DUC D'ALBANY. — ÉTAT DES HIGHLANDS. — CONSPIRATION CONTRE JACQUES I<sup>er</sup>. — ASSASSINAT DE CE PRINCE. — CHATIMENT DES CONSPIRATEURS.

JACQUES I<sup>er</sup> fut aussi le premier de sa malheureuse famille qui montra de grands talens. Robert II et Robert III, son père et son grand-père, avaient plutôt les vertus d'un particulier que celles d'un roi. Mais Jacques avait reçu de la nature des qualités brillantes qu'une excellente éducation avait développées encore. Aussi prudent que juste, il s'occupa des intérêts de son peuple, et fit tous ses efforts pour réparer les maux que le gouvernement cruel de Robert, duc d'Albany, l'administration faible et molle de Murdac, et la conduite violente et licencieuse de ses fils avaient attirés sur l'Écosse.

La première vengeance des lois tomba sur Murdac, qui, avec ses deux fils, fut jugé et condamné à Stirling, pour avoir abusé de l'autorité du roi pendant sa régence. Il fut décapité sur une petite éminence, près du château, qu'on montre encore aujourd'hui (1). Le régent put voir de là le magnifique château de Doune, qu'il avait construit pour sa résidence; et les fils eurent tout lieu de déplorer l'esprit de vertige qui leur avait fait braver l'autorité de leur père, et de reconnaître qu'il ne les avait point trompés en leur disant qu'il ferait venir quelqu'un qui les maîtriserait tous.

Jacques tourna ensuite ses pensées vers les Highlands, qui étaient dans un état complet d'anarchie. Il pénétra dans ces districts turbulens à la tête d'une forte armée, s'empara de plus de quarante des principaux Chefs qui entretenaient la discorde, en mit plusieurs à mort, et força les autres à fournir caution qu'ils resteraient tranquilles à l'avenir. Alaster Mac-Donald, lord des Iles, tenta de résister à l'autorité royale; mais les mesures que Jacques prit contre lui réduisirent tellement sa puissance, qu'il fut enfin obligé de se soumettre à sa merci. Dans cette intention, le Chef humilié se rendit secrètement à Édimbourg, et parut tout à coup

(1) Voyez le chant v<sup>e</sup> de la *Dame du Lac* et la note. — Éd.

dans la cathédrale, où le roi était occupé à remplir ses actes de dévotion le jour de Pâques. Il était sans toque, sans armure, sans ornemens, ayant les jambes et les bras nus, et le corps couvert seulement d'un plaid. Dans cet état, il se remit à la discrétion du roi, et tenant à la main, par la pointe, une épée nue, il en présenta la poignée à Jacques, en gage de sa soumission sans réserve. Le roi lui pardonna ses offenses réitérées, à la demande de la reine et des seigneurs de sa cour; mais il le confina dans le château-fort de Tantallon dans l'East-Lothian.

Cependant, malgré la soumission de leur principal Chef, les montagnards de l'ouest et les habitans des îles se révoltèrent de nouveau sous le commandement de Donald Balloch, parent d'Alaster, qui débarqua avec des forces considérables, et tailla en pièces les troupes que les comtes de Mar et de Caithness voulurent leur opposer; mais lorsqu'il apprit que Jacques s'avançait contre lui, Donald jugea prudent de se retirer en Irlande. Jacques fit périr un assez grand nombre de ses partisans. Donald lui-même fut tué par la suite en Irlande, et sa tête fut envoyée au roi.

Voici un autre trait qui montre la cruauté et la férocité de ces brigands des Highlands. Un autre MacDonald, chef de bandes dans le comté de Ross, avait pillé une pauvre veuve, qui, dans son désespoir, s'était écriée à plusieurs reprises qu'elle irait demander justice au roi, dût-elle aller à pied jusqu'à Édimbourg pour l'obtenir. — C'est un long voyage, lui dit le barbare, et pour que vous puissiez le faire plus commodément, il faut que je vous fasse ferrer. En effet, il fit venir un forgeron, qui, sur son ordre, cloua des souliers aux pieds de la pauvre femme, comme on met des fers à un cheval. Mais la veuve était une femme de tête, et elle était bien décidé à lui tenir parole. Effectivement, dès que ses blessures lui permirent de marcher, elle partit à pied pour Édimbourg, comme elle l'avait dit, et se jetant aux pieds de Jacques, elle lui apprit l'indigne traitement qu'elle avait souffert. Jacques indigné fit saisir Mac-Donald et douze de ses principaux affidés, et leur fit clouer aux pieds des semelles de fer. Ils furent exposés dans cet état sur la place publique pendant trois jours, et ensuite exécutés.

Ce fut ainsi que Jacques I$^{er}$ réussit à rétablir en grande partie la tranquillité dans un pays qu'il avait trouvé dans un tel état d'anarchie. Il fit des réglemens sages pour le commerce tant intérieur qu'extérieur, et établit des lois pour l'administration de la justice entre ceux qui avaient des plaintes à former l'un contre l'autre.

Mais ce qui était le but de tous ses efforts, et ce qui présentait de bien grandes difficultés, c'était de diminuer le pouvoir des grands seigneurs, qui gouvernaient comme autant de monarques, chacun dans leurs domaines, et qui attaquaient le roi, ou s'attaquaient l'un l'autre, toutes les fois qu'il leur plaisait de le faire. Il fit mettre en jugement plusieurs de ces puissans personnages, et comme ils se trouvèrent coupables, il confisqua leurs biens. Les nobles poussèrent les hauts cris, disant que le roi leur en voulait, et que c'était pour cette raison qu'il les traitait avec tant de rigueur et d'injustice. On commença donc à murmurer contre ce bon prince. Une autre cause de mécontentement fut que pour faire face aux frais de la justice, et pour maintenir l'autorité du trône, il fut jugé nécessaire d'établir quelques taxes sur le peuple. Les Écossais, qui étaient pauvres et qui n'étaient nullement accoutumés à payer des impôts, imputèrent cette mesure odieuse à l'avarice du roi. Voilà comment, quoique Jacques eût les meilleures intentions, et fût assurément le meilleur roi qui eût gouverné l'Écosse depuis Robert Bruce, les grands et le peuple furent également mécontens, ce qui encouragea quelques hommes méchans de la noblesse à conspirer sa mort.

Le chef du complot fut un nommé sir Robert Grahame, oncle du comte de Stratherne. Il était hardi, ambitieux, et conservait un profond ressentiment contre le roi, qui lui avait fait subir un assez long emprisonnement. Il attira dans la conspiration le comte d'Athol, vieillard de peu de talens, en lui promettant de proclamer sir Robert Stewart, son fils, roi d'Écosse, à la place de Jacques. A chacun il faisait valoir un motif différent. Les conjurés plus subalternes croyaient qu'il s'agissait seulement d'enlever une dame de la cour.

Pour préparer ses batteries, Grahame se retira dans le fond des Highlands, et de là il envoya défier le roi, déclara formellement qu'il abjurait son serment d'allégeance, et menaça de le tuer de sa propre main. Sa tête fut mise à prix, et une forte récompense promise à quiconque le livrerait à la justice; mais il resta caché au milieu des montagnes, d'où il poursuivit ses projets de vengeance contre Jacques.

Le jour de Noël avait été choisi par le roi pour donner une grande fête dans la ville de Perth. Pendant qu'il s'y rendait, il rencontra sur la route une femme des Highlands qui se donnait pour prophétesse. Elle était debout près du bac sur lequel le roi devait passer pour continuer son voyage vers le nord, et elle s'écria dès qu'elle l'aperçut : — Milord le roi, si vous passez cette rivière, vous ne reviendrez jamais vivant. Dans le moment, le roi fut frappé de ces paroles, parce qu'il avait lu dans un livre qu'un roi serait tué en Ecosse cette année-là; car il arrive souvent que lorsqu'il se prépare quelque grand événement, il s'en répand d'avance quelques bruits, qui sont répétés ensuite comme des prophéties, mais qui, dans le fait, ne sont que des conjectures de ce qui paraît devoir arriver. Il y avait à la cour un chevalier que Jacques avait surnommé le Roi de l'Amour. — Eh bien! sir Alexandre, lui dit-il en riant, il y a une prophétie qui annonce qu'un roi sera tué cette année en Écosse; il faut qu'elle nous concerne l'un ou l'autre, car nous sommes les deux seuls rois qu'il y ait en Écosse. D'autres circonstances encore auraient pu prévenir le meurtre du bon roi, mais aucune ne fut remarquée.

Arrivé à Perth, le roi établit sa résidence dans l'abbaye des Black-Friars (moines noirs), parce qu'il n'y avait pas dans la ville de château convenable, et ses gardes furent logés chez les habitans, ce qui rendit l'exécution du complot encore plus facile.

La journée avait été passée par le roi en fêtes et en plaisirs, et par les conspirateurs en apprêts pour l'attentat qu'ils méditaient. Ils avaient forcé les serrures des portes de l'appartement du roi, de manière à ce qu'il fût impossible de tourner les clefs, et ils avaient enlevé les barreaux qui servaient à fermer les portes d'entrée. En même temps ils avaient préparé des planches, en guise de ponts, pour traverser le fossé qui entourait le monastère. Enfin le 20 février 1437 tout fut prêt pour mettre leur infame projet à exécution, et Grahame sortit de sa retraite au milieu des montagnes voisines, avec une troupe de près de trois cents hommes, et entra dans les jardins du couvent.

Le roi était en pantoufles et en robe de chambre. Il avait passé gaiement la soirée, avec les dames et les seigneurs de sa cour, à lire des romans, à chanter, à faire de la musique ou à jouer aux échecs et au trictrac. Le comte d'Athole et son fils sir Robert Stewart, qui s'attendait à remplacer Jacques sur le trône, furent des derniers à se retirer. Alors Jacques resta debout devant le feu, causant gaiement avec la reine et ses dames avant de se mettre au lit. La femme des Highlands qui avait arrêté le roi sur la route demanda de nouveau la permission de lui parler; mais elle lui fut refusée à cause de l'heure avancée, et tout le monde se retira.

Dans ce moment on entendit un grand bruit et comme un cliquetis d'armes, et les torches que portaient les conjurés dans le jardin lançaient de grands jets de lumière qui se réfléchissaient contre les fenêtres. Le roi se souvint alors de son ennemi mortel, sir Robert Grahame, et devina qu'il venait pour l'assassiner. Il appela les dames de la reine, qui restèrent dans la chambre pour garder la porte du mieux qu'elles le pourraient, afin de lui donner le temps de s'échapper. Il essaya d'abord de sortir par les fenêtres; mais elles étaient fortement barricadées, et résistèrent à tous ses efforts. A l'aide des pincettes qui étaient dans la cheminée, il réussit à lever une planche, et se laissa tomber dans un caveau étroit où l'on jetait toutes les immondices du couvent. Ce caveau avait une ouverture qui donnait sur la cour, et par laquelle il aurait pu s'échapper. Mais tout tourna contre le malheureux Jacques; car deux ou trois jours auparavant il l'avait fait boucher, parce qu'en jouant à la balle, la balle roulait toujours par ce trou dans le caveau.

Pendant que le roi était ainsi caché, les conspirateurs le cherchaient dans tout le couvent, et ils arrivèrent enfin à la chambre où les dames étaient renfermées. La reine et ses femmes s'efforcèrent de tenir la porte fermée, et l'une d'elles, Catherine Douglas, plaça hardiment son bras en travers, en place de la barre qui avait été soustraite. Mais le bras de cette noble dame fut bientôt cassé, et les traîtres se précipitèrent dans l'appartement, armés de poignards et l'épée nue, blessant et renversant celles des femmes qui voulaient s'opposer à leur passage. La pauvre reine, à demi déshabillée, poussait des cris affreux, et l'un des assassins allait l'immoler, lorsqu'un fils de sir Robert Grahame arrêta son bras en lui disant : — Que voulez-vous faire à la reine? ce n'est qu'une femme. Cherchons le roi.

Ils commencèrent alors une recherche minutieuse, mais sans rien découvrir, et ils sortirent de la chambre pour continuer leurs perquisitions dans les autres parties du monastère. Cependant le roi, prenant de l'impatience, cria aux dames de l'aider à sortir de sa retraite incommode. Dans ce malheureux moment les conspirateurs revinrent, l'un d'eux s'étant souvenu qu'il existait un caveau qu'ils n'avaient point cherché. Lorsqu'en levant la planche ils aperçurent le roi debout sous leurs pieds, l'un d'eux cria aux autres : — Messieurs, j'ai trouvé la mariée que nous cherchons depuis le commencement de la nuit. Alors deux de ces scélérats (c'étaient deux frères du nom de Hall) descendirent l'un après l'autre dans le caveau, le poignard à la main, pour massacrer l'infortuné Jacques, qui, en chemise, n'avait aucune arme pour se défendre. Mais le roi, qui était un homme robuste et actif, les terrassa tous les deux, et en s'efforçant de leur arracher un poignard, il se coupa les mains de la manière la plus affreuse. Alors sir Robert Grahame s'élança lui-même sur le roi, qui voyant que la résistance était impossible, lui demanda grace, ou du moins le temps de confesser ses péchés à un prêtre. Mais Grahame lui répondit fièrement : — As-tu jamais fait grace à ceux de ton sang, ni à tout autre? n'espère donc pas trouver grace ici; et quant à un confesseur, tu n'en auras pas d'autre que cette épée. En disant ces mots, il lui plongea son épée à travers le corps. On dit pourtant que lorsqu'il vit son prince étendu à ses pieds et nageant dans son sang, il eût voulu ne point consommer le crime; mais les autres conspirateurs lui ayant crié d'achever sa victime, ou qu'autrement ils le tueraient lui-même, Grahame, avec les deux frères qui étaient descendus avant lui dans le caveau, tomba sur le malheureux prince, et ils l'achevèrent à coups de poignard. On compta seize blessures rien que sur sa poitrine.

La nouvelle de la conspiration s'était alors répandue, mais trop tard, dans la ville, et les gardes du roi ainsi que les habitans de Perth accoururent à son secours. Les traitres prirent l'alarme, et se retirèrent dans les Highlands, laissant derrière eux un ou deux de leurs complices, qui furent pris et massacrés par les habitans. Lorsqu'ils parlèrent entre eux de leur entreprise, ils regrettèrent vivement d'avoir épargné la reine, craignant qu'elle ne mît le plus grand acharnement à les poursuivre, et qu'elle ne fût inexorable dans sa vengeance.

L'événement justifia leurs appréhensions. La reine Jeanne fit faire des perquisitions si exactes, que la plupart des assassins furent pris, jugés et condamnés, et expirèrent au milieu des plus affreuses tortures. La chair de Robert Stewart et d'un chambellan particulier du roi fut arrachée de leurs corps avec des tenailles, tandis qu'au milieu même de la plus horrible agonie, ils avouaient qu'ils avaient mérité leur sort. Le comte d'Athole fut décapité; il nia jusqu'au dernier moment qu'il eût trempé dans la conspiration, quoiqu'il convînt que son fils l'en avait instruit, sur quoi il lui avait enjoint de ne prendre aucune part à un si grand crime.

Sir Robert Grahame, le premier auteur de cette infame trahison, ne cessa pas un instant de chercher à la justifier. Il avait, dit-il, le droit de tuer le roi, puisqu'il avait abjuré son serment d'allégeance, et qu'il lui avait déclaré la guerre, et il exprima sa conviction que sa mémoire serait en honneur pour avoir mis à mort un tyran aussi cruel. Il subit les tortures les plus terribles avant d'être décapité, et son fils fut égorgé sous ses yeux pendant qu'il vivait encore.

Malgré l'énormité de leur crime, il y avait de la barbarie à torturer ces misérables de la manière que nous avons rapportée. Mais le peuple était exaspéré contre eux; car bien qu'il eût murmuré contre le roi Jacques pendant sa vie, cependant sa fin déplorable et la justice que ses sujets lui rendaient intérieurement de n'avoir jamais eu en vue que leur bien, firent qu'il fut regretté généralement. Il avait aussi beaucoup de ces qualités qui plaisent à la multitude. Sa figure était agréable; tout son extérieur annonçait la force et l'activité; son esprit avait été cultivé avec soin, et il possédait une foule de connaissances utiles et de talens agréables. Il savait la musique, et faisait des vers, tant sérieux que badins, qui sont parvenus jusqu'à nous, et que ceux qui connaissent l'ancien langage dans lequel ils ont été composés lisent avec autant d'intérêt que de plaisir.

Quant au meurtrier Grahame, sa mémoire, bien loin d'être honorée pour l'assassinat qu'il avait commis, fut livrée au mépris et à l'exécration dans une ballade populaire qui courut alors toute l'Écosse.

> Honni soit Robert Grahame,
> Du roi l'assassin infame;
> Robert Grahame honni soit,
> L'assassin de notre roi.

# CHAPITRE XVIII.

RÈGNE DE JACQUES II. — GUERRES AVEC LES DOUGLAS. — MORT DU ROI.

Lorsque Jacques Ier fut assassiné, son fils et son héritier présomptif, Jacques II, n'avait encore que six ans, de sorte que l'Écosse se vit replongée de nouveau dans les discordes et la confusion d'une régence, malheurs qu'on pouvait être sûr de voir arriver à leur plus haut période, dans un pays où l'autorité même d'un souverain légitime et d'un âge mûr n'était point respectée, et se voyait souvent menacée par la révolte et la trahison.

Pendant la minorité de Jacques II, les affaires du royaume furent principalement conduites par deux hommes d'état qui paraissent avoir eu beaucoup de talens et très-peu de loyauté ; sir Alexandre de Livingston était tuteur du roi, et sir William Crichton chancelier du royaume. Ils se disputaient réciproquement l'autorité attachée à leurs places respectives, et, non contens de chercher à se nuire l'un à l'autre, ils attaquèrent un homme plus puissant que tous deux, le grand comte de Douglas.

Cette illustre maison était alors au plus haut degré de sa puissance. Le comte possédait Galloway, Annandale, et d'autres propriétés étendues dans le midi de l'Écosse, où presque toute la noblesse d'un rang inférieur le reconnaissait pour son seigneur et maître. Ainsi les Douglas commandaient à toute cette partie de l'Écosse que ses guerres continuelles avec l'Angleterre avaient le mieux disciplinée et habituée au métier des armes. Ils possédaient en France le duché de Touraine et la seigneurie de Longueville, et ils étaient alliés à la famille royale d'Écosse par un double mariage.

Non-seulement les Douglas étaient très-puissans par l'étendue de leurs domaines et de leurs possessions, mais ils l'étaient encore plus par les grands talens militaires qui dans cette famille semblaient être héréditaires, et qui donnèrent lieu à un proverbe encore connu en Écosse :

> Oncque ici l'on n'a vu tant de braves soldats
> D'un seul et même nom, que du nom de Douglas.

Malheureusement leur pouvoir, leur courage et leur

habileté dans le métier des armes étaient accompagnés d'arrogance et d'ambition. Se croyant au-dessus des lois du pays et du serment d'allégeance au roi, ils semblaient s'arroger le rang et l'autorité des princes souverains. C'était une chose commune que de les rencontrer se promenant à cheval avec une suite de mille cavaliers; et comme Archibald, le comte de Douglas qui existait à cette époque, ne s'était jamais soumis qu'imparfaitement, même au gouvernement sévère de Jacques I$^{er}$, il est facile d'imaginer que sa puissance ne pouvait être aisément réprimée par des hommes tels que Crichton et Livingston, grands, il est vrai, par les hautes fonctions qu'ils remplissaient, mais à tous autres égards bien inférieurs à Douglas.

Ce seigneur puissant étant mort en 1438, et son fils, âgé seulement de seize ans, lui ayant succédé, le rusé Crichton commença à épier l'occasion de détruire à jamais le nom de Douglas, en faisant périr le jeune comte et son frère, et d'abaisser l'orgueil et le pouvoir de cette grande famille par une si cruelle et si injuste violence. Crichton proposa à Livingston d'unir leurs efforts pour accomplir cette trahison; et quoiqu'ils fussent ennemis, le tuteur du roi et le chancelier du royaume se réunirent dans le vil dessein d'assassiner deux enfans dont l'âge seul attestait l'innocence. Pour en venir à leurs fins, ils employèrent la flatterie et les belles paroles pour engager William, le jeune comte de Douglas, à venir à la cour avec son frère David, leur faisant entrevoir qu'ils allaient devenir les compagnons et les favoris du jeune roi. Un vieil ami des Douglas chercha à dissuader le comte d'accepter cette invitation, et l'exhorta, s'il persistait à se rendre à Édimbourg, à ne point emmener son jeune frère David. Mais le comte, ne soupçonnant aucune trahison, ne put être détourné de ce fatal voyage.

Le chancelier Crichton reçut le comte de Douglas et son frère dans son château de Crichton, qui se trouvait sur la route, et leur en fit les honneurs avec toutes les démonstrations de la plus grande bienveillance. Après y être restés quelques jours, les deux frères cruellement abusés furent conduits au château d'Édimbourg et introduits près du jeune roi, qui, ne connaissant pas les projets perfides de ses ministres, les reçut avec affabilité, et parut enchanté de l'espoir de jouir de leur société.

Tout à coup la scène changea. A un repas qui fut servi au comte et à son frère, la tête d'un taureau noir fut placée sur la table. Sachant que, d'après une coutume établie en Écosse, ce mets était un signe de mort, les Douglas quittèrent la table avec épouvante, mais ils furent saisis par des gens armés qui entrèrent dans l'appartement. On leur fit subir un procès dérisoire, dans lequel on leur imputa tous les torts accumulés de leurs ancêtres, et ils furent condamnés à avoir la tête tranchée. Le jeune roi pleura, et supplia Livingston et Crichton de leur faire grace, mais ce fut en vain. Ils furent conduits dans la cour du château, et exécutés sans délai. Malcolm Fleming de Cumbernauld, ami dévoué de leur famille, partagea leur sort.

Cette action barbare était aussi impolitique qu'injuste. Elle ne diminua rien du pouvoir des Douglas, et ne servit qu'à allumer une haine générale contre ceux qui étaient à la tête des affaires. Un homme doux, paisible, et d'un embonpoint remarquable, appelé Jacques-le-Gros, indolent par habitude et par caractère, devint comte de Douglas, et c'est à cette circonstance qu'on doit attribuer qu'il n'y eut point de commotion publique aussitôt après le meurtre des deux frères. Mais cet épais dignitaire ne vécut que deux ans, et fut remplacé par son fils Archibald, qui était aussi actif et aussi turbulent qu'aucun de ses ambitieux prédécesseurs, et qui fomenta plusieurs émeutes pour venger la mort de ses jeunes parens.

Dans le même temps, Jacques II, arrivé à l'âge d'homme, se mit à la tête des affaires publiques. C'était un homme de belle taille, mais il avait sur la joue une grande tache rouge qui le fit surnommer Jacques à la figure de feu. On aurait pu l'appeler avec autant de raison Jacques au caractère de feu; car, avec beaucoup de bonnes qualités, il était vif et impétueux, et nous ne tarderons pas à en voir un exemple remarquable.

Dans le commencement de son administration, Jacques avait nommé le comte de Douglas lieutenant-général du royaume. Mais cet ambitieux se montra bientôt disposé à étendre son autorité jusqu'à l'indépendance absolue, et le roi jugea nécessaire de lui retirer l'emploi important qu'il lui avait confié. Douglas se retira dans son château ne rêvant que vengeance, tandis que le roi ne cherchait qu'une occasion favorable pour diminuer le pouvoir d'un rival si formidable.

Douglas ne tarda pas à montrer qu'il ne tenait nul compte de l'autorité du roi, et qu'il était décidé à agir de son propre chef. Un de ses amis et partisans, nommé Auchinleck, avait été tué par le lord Colville. Le criminel méritait certainement d'être puni, mais son châtiment aurait dû lui être infligé par les magistrats compétens de la couronne, et non par le pouvoir arbitraire d'un simple baron, quelque grand, quelque puissant qu'il fût d'ailleurs. Douglas cependant parut regarder cette insulte comme lui étant personnelle, et s'en vengea de son autorité privée. Il marcha avec un corps de troupes considérable contre le lord Colville, attaqua son château, et passa au fil de l'épée toutes les personnes qui s'y trouvaient. Le roi ne put parvenir à venger cette insulte faite à sa justice.

De la même manière, Douglas permit, insinua même à quelques-uns de ses partisans près d'Annandale, de piller et de ravager les terres de sir John Herries, gentilhomme de ce pays, connu par son dévouement au roi. Herries, homme fier et puissant, dévasta par représailles les domaines de ceux qui lui avaient fait cette insulte. Il fut vaincu et pris par Douglas, qui lui fit trancher la tête, quoique le roi lui eût envoyé l'ordre positif de ne point toucher à la personne d'Herries.

Mais ce fut surtout dans l'affaire de Maclellan, le tuteur du jeune lord de Bomby, d'où descendent les comtes de Kircudbright, qu'il viola le plus ouvertement les lois et le respect qu'il devait à l'autorité du souverain. Maclellan faisait partie du petit nombre d'hommes puissans du Galloway qui, méprisant les menaces de Douglas, avaient refusé de s'unir à lui contre leur roi. Le comte, irrité de sa résistance, attaqua tout à coup son château, le fit prisonnier, et l'emmena dans le château fort de Thrieve dans le Galloway, situé sur une île de la rivière de Dee. Le roi prit un intérêt tout particulier au sort de Maclellan, d'autant plus qu'il fut supplié d'intervenir en sa faveur par sir Patrick Gray, commandant de la garde royale, gentilhomme qui possédait toute la confiance de Jacques, qui ne le quittait jamais, et qui était l'oncle maternel de Maclellan. Afin d'empêcher que le prisonnier ne partageât le sort de Colville et d'Herries, le roi écrivit au comte de Douglas, lui demandant comme une faveur, plutôt que lui intimant comme un ordre, de remettre la personne du tuteur de Bomby (c'était ainsi qu'on nommait ordinairement Maclellan) entre les mains de sir Patrick Gray, son parent.

Sir Patrick se rendit avec la lettre du roi au château de Thrieve. Douglas le reçut au moment où il sortait de table, et, affectant de lui témoigner les plus grands égards, il refusa d'apprendre de lord Gray l'objet de son message avant que celui-ci eût accepté le repas qu'il lui fit servir, disant que les affaires ne pouvaient se traiter entre un homme après dîner et un homme à jeun. Mais cette courtoisie affectée n'était qu'un prétexte pour gagner du temps et accomplir le plus cruel dessein. Soupçonnant que le but de la visite de sir Patrick Gray était de lui demander la vie de Maclellan, il résolut de hâter sa mort avant d'ouvrir la lettre du roi. Ainsi, tandis qu'il recevait sir Patrick avec toutes les apparences de l'hospitalité, il faisait conduire son malheureux parent dans la cour du château, où il eut la tête tranchée.

Dès que le dîner fut fini, Gray présenta à Douglas la lettre du roi, qu'il reçut et dont il prit connaissance avec toutes les marques du plus profond respect. Il remercia ensuite sir Patrick de la peine qu'il avait prise de lui apporter une lettre si gracieuse de son souverain, surtout dans un moment où il n'était pas en faveur près de Sa Majesté.—Venez, ajouta-t-il; les désirs du roi vont être remplis à l'instant même, et cela en même temps par considération pour vous. Le comte prit alors sir Patrick par la main, et le conduisit dans la cour du château, où le corps de Maclellan était encore étendu.

— Sir Patrick, dit-il au moment où ses domestiques soulevaient le drap sanglant qui couvrait le cadavre, vous êtes venu un peu trop tard. Voilà le fils de votre sœur; il lui manque la tête, mais le corps est à votre service. — Milord, dit Gray en retenant avec peine son indignation, si vous avez pris sa tête, vous pouvez disposer du corps comme vous voudrez.

Mais dès qu'il fut sur son cheval, qu'il avait demandé au même instant, son ressentiment éclata en dépit de la situation dangereuse dans laquelle il se trouvait.

— Milord, dit-il, si je vis, vous paierez cher une action si barbare. Et à l'instant il partit au grand galop.

— A cheval, et qu'on me le ramène! s'écria Douglas; et si Gray n'avait pas été bien monté, il est probable qu'il aurait partagé le sort de son neveu. Il fut poursuivi de près jusqu'aux portes d'Édimbourg, distance de cinquante à soixante milles.

Outre ces exemples de révolte ouverte et déclarée contre l'autorité du roi, Douglas entra dans plusieurs complots qui prouvent clairement qu'il voulait renverser le gouvernement. Il se ligua avec le comte de Crawford, appelé comte Beardie, qui était tout-puissant dans les comtés d'Angus, de Perth et de Kincardine, et avec le comte de Ross, qui exerçait une autorité presque souveraine dans le nord de l'Écosse. Ces trois comtes se promirent de se soutenir mutuellement en toute occasion, dans toutes les querelles qu'ils pourraient avoir à soutenir, et contre quelque personne que ce fût, sans même en excepter le roi.

Jacques voyait clairement qu'il était nécessaire de prendre une mesure vigoureuse; cependant il n'était pas facile de décider ce qu'il fallait faire. La ligue entre les trois comtes les rendait capables, si une guerre ouverte était déclarée, de rassembler des forces supérieures à celles de la couronne. Le roi dissimula donc son ressentiment, et, sous prétexte qu'il désirait avoir avec Douglas une conférence amicale et se réconcilier avec lui, il l'engagea à venir à sa cour, qui se tenait alors à Stirling. Douglas hésita s'il accepterait cette invitation, et avant de s'y rendre, il demanda et obtint un passe-port ou sauf-conduit, scellé du grand sceau, par lequel le roi lui donnait sa parole qu'il lui serait permis de venir à la cour et de s'en retourner sain et sauf. Alors le comte se décida d'autant plus à se rendre aux désirs du roi, qu'on lui donna à entendre qu'une disgrace venait d'éloigner de la cour le chancelier Crichton, et qu'il se croyait à l'abri des complots de ce dangereux ennemi de sa famille.

Ainsi protégé, à ce qu'il croyait, contre tout danger personnel, Douglas, à la fin de février 1452, arriva à Stirling, où il trouva le roi logé dans le château situé sur un rocher à pic qui s'élève perpendiculairement du fond d'une vallée, à l'extrémité de la partie haute de la ville, et où l'on ne peut arriver que d'un côté par une porte très-bien défendue. La suite nombreuse de Douglas fut logée dans la ville, et le comte fut admis dans le château. Un de ses confidens les plus intimes et de ses alliés les plus puissans était James Hamilton de Cadyow, chef de la grande maison d'Hamilton. A peine Douglas fut-il passé, que ce seigneur, qui ne le quittait jamais, voulut entrer après lui. Mais Livingston, qui se trouvait dans le château avec le roi, et qui était proche parent d'Hamilton, le frappa à la figure; et lorsque celui-ci, outré de fureur, voulut s'élancer sur lui l'épée à la main, il le repoussa avec une longue lance, jusqu'à ce que les portes fussent fermées sur lui. D'abord sir James Hamilton fut très-irrité d'une pareille conduite, mais il reconnut ensuite que Livingston avait agi en ami en l'éloignant du danger dans lequel Douglas se jetait aveuglément.

Le roi reçut le comte avec bonté, et, après quelques explications amicales sur le passé, l'amitié et la cordialité parurent régner entre Jacques et son trop puissant sujet. Le souper fut servi à sept heures, et lorsqu'il fut terminé, le roi conduisit Douglas dans l'embrasure d'une croisée, fit tomber l'entretien sur la ligue que le comte avait formée avec Ross et Crawford, et l'exhorta à la rompre, comme contraire à la fidélité qu'il lui devait et à la tranquillité du royaume. Douglas refusa fièrement; le roi renouvela ses instances d'une manière plus impérieuse, et le comte n'y répondit que par un nouveau refus plus hautain et plus positif encore que le premier, reprochant en même temps au roi de mal administrer les affaires publiques. En voyant tant d'obstination, le roi ne put contenir sa rage, et il s'écria :
— De par le ciel, milord, si vous ne voulez point rompre la ligue, voilà qui la rompra. En finissant ces mots il lui enfonça son poignard dans la poitrine. Sir Patrick Gray, qui avait juré de venger sur Douglas le meurtre de Maclellan, le frappa alors sur la tête avec sa hache d'armes, et les autres seigneurs de la suite du roi lui prouvèrent leur zèle en criblant de coups ce qui n'était plus qu'un cadavre inanimé (1). Le comte ne reçut point la sépulture chrétienne; du moins on trouva, il y a environ quarante ans, un squelette enterré dans

---

(1) C'est à cet événement que fait allusion le Douglas de la *Dame du Lac* dans son apostrophe au château de Stirling, chap. IV.

Éd.

le jardin, précisément sous la fatale croisée, qu'on supposa, avec assez de probabilité, devoir être les restes du comte de Douglas, si singulièrement et si malheureusement mis à mort par son souverain.

Ce fut une mauvaise et une cruelle action de la part du roi : mauvaise, si elle fut commise dans un mouvement de colère, et plus mauvaise encore s'il avait médité cette violence dès le commencement, et s'il était décidé à employer la force au cas où Douglas ne céderait point à la persuasion. Le comte avait mérité un châtiment, peut-être même la mort, pour tant de crimes commis contre l'état ; mais le roi n'aurait pas dû le tuer sans forme de procès, dans sa propre chambre, après l'avoir attiré dans le piège par l'assurance que sa personne ne courrait aucun danger. Cependant cet assassinat, comme celui de Comyn-le-Roux à Dumfries, tourna au profit de l'Écosse ; car Dieu, mon cher enfant, qui se plaît souvent à faire ressortir le bien des folies et même des crimes des hommes, permit que la mort de Comyn préparât la liberté de l'Écosse, et que celle de Douglas amenât la chute de sa famille, qui était devenue trop puissante pour la tranquillité du royaume.

Rien ne parut d'abord devoir faire présumer un pareil résultat. Il y avait dans la ville de Stirling quatre frères de Douglas, qui l'avaient accompagné à la cour. Dès qu'ils apprirent que le chef de la famille était mort, comme je vous l'ai raconté, ils reconnurent immédiatement Jacques, l'aîné des quatre, pour son successeur. Ils se hâtèrent de se rendre alors dans les comtés où ils avaient le plus d'influence, car ils étaient tous de puissans seigneurs, et, rassemblant leurs amis et leurs vassaux, ils revinrent à Stirling, traînant à la queue du cheval d'un de leurs valets le sauf-conduit qui avait été accordé au comte de Douglas, afin de montrer tout leur mépris pour le roi. Dès qu'ils y furent arrivés, ils proclamèrent, au son de cinq cents cors et trompettes, que le roi Jacques était un homme faux et parjure. Ils pillèrent ensuite la ville de Stirling, et pensant que ce n'était pas encore assez, ils y renvoyèrent Hamilton de Cadyow avec ordre de la réduire en cendres. Mais la force du château les empêcha d'accomplir leur funeste projet, et après cette bravade les Douglas se dispersèrent pour rassembler une armée plus considérable.

Tant de puissans barons étaient alliés aux Douglas, qu'on assure que le roi balança quelque temps s'il soutiendrait la lutte qui se préparait, ou s'il fuirait en France et abandonnerait le trône au comte. Dans ce moment difficile Jacques trouva un conseiller fidèle dans son cousin-germain, Kennedy, archevêque de Saint-André, un des hommes les plus sages de cette époque. L'archevêque lui développa son avis par une sorte d'emblème ou de parabole. Il présenta au roi un faisceau de flèches attachées ensemble par une courroie de cuir et le pria de le briser. Le roi lui dit que cette tâche était au-dessus de ses forces. — Cela est possible, répondit l'archevêque, tant que ces flèches seront ainsi réunies, mais si vous dénouez la courroie et que vous les preniez une à une, vous les romprez facilement l'une après l'autre. Et c'est ainsi, ô mon roi! que dans votre sagesse, vous devez en agir avec les seigneurs insurgés. Si vous les attaquez tandis que le même motif et le même esprit les anime, ils seront trop forts pour vous; mais si vous pouvez, en négociant séparément avec chacun d'eux, les engager à se séparer, vous en viendrez à bout aussi facilement que vous briseriez les flèches en les prenant une à une.

Agissant d'après ce principe, le roi fit des représentations particulières à plusieurs des nobles près desquels ses agens purent trouver accès, leur faisant entrevoir que si les Douglas triomphaient, cette famille deviendrait supérieure à toutes les autres de l'Écosse et éclipserait le reste des pairs, qui n'auraient plus aucune espèce d'influence. Des domaines considérables, de riches trésors, de grands honneurs furent promis à ceux qui, dans ce moment de détresse, quitteraient les Douglas pour se joindre au parti du roi. Ces belles promesses, jointes à la crainte secrète de se voir dominer par les Douglas, attirèrent près du roi tous ceux qui jusqu'alors hésitaient entre la fidélité qu'ils lui devaient et la crainte que leur inspirait le comte.

De toutes ces conquêtes, la plus éclatante fut celle du comte d'Angus, qui, quoiqu'il descendît d'une branche cadette de la famille des Douglas, se joignit au roi contre son parent dans cette occasion mémorable, ce qui fit dire que — Douglas-le-Roux ( les Angus étaient roux ) avait écrasé Douglas-le-Noir.

La grande famille des Gordon se déclara aussi pour le

roi. Leur chef, le comte de Huntly, rassembla une armée dans le nord, et marcha vers le sud jusqu'à Bréchin pour soutenir la cause royale. Là, il rencontra le comte de Crawford, qui avait pris les armes pour les Douglas d'après le pacte fatal qui avait coûté la vie au comte William. Un des chefs de l'armée de Crawford était John Collasse de Bonnymoon ou Balnamoon, qui commandait un beau corps de soldats courageux, armés de hallebardes et de haches d'armes sur lequel Crawford comptait beaucoup. Mais avant l'action, John Collasse lui avait demandé de lui accorder quelques terres qui étaient à sa convenance près de sa maison, et le comte les lui avait refusées. Irrité de ce procédé, Collasse choisit pour se retirer le moment où la bataille était engagée avec le plus d'ardeur, et les troupes de Crawford, qui avaient été sur le point de remporter la victoire, perdirent courage et furent taillées en pièces.

D'autres engagemens eurent lieu sur différens points de l'Écosse, entre les Douglas et leurs alliés, et les nobles qui soutenaient l'autorité royale. Beaucoup de sang fut répandu et le pays eut beaucoup à souffrir. Parmi beaucoup d'autres exemples des malheurs qu'amenèrent ces guerres civiles, on rapporte que le comte de Huntly brûla la moitié de la ville d'Elgin qu'habitaient les partisans de Douglas, tandis qu'il laissa subsister l'autre moitié, qui était occupée par des citoyens attachés à sa famille et à son parti. De là vient le proverbe qui fait dire lorsqu'une chose n'est faite qu'imparfaitement : — Cela n'est fait qu'à moitié, comme Elgin fut brûlée. — La famine et la peste vinrent encore ajouter aux malheurs d'un pays dévasté par une guerre civile qui occasionait des soulèvemens, des incendies et des massacres dans presque toutes les provinces de l'Écosse.

Le parti royaliste commença enfin à gagner un peu de terrain, ce qu'on peut attribuer entre autres causes à ce que le comte de Douglas d'alors était un homme moins déterminé et moins actif que n'étaient d'ordinaire ceux de sa race. Le comte de Crawford fut un de ceux qui déserta le premier sa cause, et qui supplia le roi de lui accorder son pardon et de lui rendre ses bonnes graces. Malgré tous les sujets de plainte que le roi avait contre ce lord, et quoiqu'il eût fait le vœu de détruire le château de Finhaven qui lui appartenait, et de telle manière que la plus haute pierre en devînt la plus basse, il lui accorda un entier pardon et lui fit une visite à Finhaven, où, pour accomplir son vœu, il monta au haut des créneaux, et y trouvant une petite pierre qui s'en était détachée, il la jeta dans les fossés, de sorte que, dans un sens, la plus haute pierre du château en devint effectivement la plus basse sans qu'il eût été nécessaire de le démolir. Ce trait de clémence du roi lui concilia les esprits des nobles révoltés, et plusieurs d'entre eux commencèrent à faire des actes de soumission.

Mais le pouvoir des Douglas subsistait toujours, et il était encore si étendu qu'il y avait peu d'espoir que la lutte se terminât sans une bataille sanglante. Enfin ce moment décisif parut être arrivé. Les comtes d'Orkney et d'Angus, du parti royaliste, avaient assiégé Abercorn, château fort sur le Forth qui appartenait à Douglas. Celui-ci rassembla toutes les troupes que sa famille et ses alliés purent lever, montant, dit-on, à près de quarante mille hommes, et s'avança pour faire lever le siège. Le roi de son côté ayant réuni toutes les forces du nord de l'Écosse, marcha à la rencontre de Douglas à la tête d'une armée un peu supérieure en nombre à celle du comte, mais inférieure en discipline militaire. Tout semblait rendre inévitable un combat dont l'issue devait décider lequel de Jacques Stuart ou de Jacques Douglas porterait la couronne d'Écosse. La petite rivière de Carron séparait les deux armées.

Mais les intrigues de l'archevêque de Saint-André avaient fait une impression profonde sur plusieurs des nobles qui agissaient de concert avec Douglas, et une partie de ses partisans lui obéissaient par crainte plutôt que par affection. Les autres, voyant l'incertitude qui régnait dans les résolutions que prenait Douglas, et le manque de fermeté de son caractère, commencèrent à douter qu'il fût un chef capable de conduire une entreprise si périlleuse. Parmi ces derniers était sir James Hamilton de Cadyow, dont je vous ai déjà parlé, qui commandait dans l'armée de Douglas trois cents cavaliers et trois cents fantassins, tous d'une discipline parfaite et d'un courage éprouvé. L'archevêque Kennedy était parent d'Hamilton, et il se prévalut de cette parenté pour l'informer par un message secret que le roi était disposé à lui pardonner sa rébellion et à lui rendre sa faveur, si dans ce moment critique il abandonnait la cause des Douglas pour soutenir la sienne. Ces argumens firent beaucoup d'impression sur Hamilton, et cependant il avait été si long-temps l'ami et le partisan du comte de Douglas, qu'il se sentait la plus vive répugnance à quitter un ancien compagnon d'armes au moment du péril.

Dans la matinée qui suivit ce secret message, le roi envoya un héraut au camp de Douglas, lui ordonnant de disperser son armée, sous peine d'être déclaré traître, lui et ses complices, et promettant au contraire le pardon et des récompenses à tous ceux qui quitteraient l'étendard du rebelle Douglas. Le comte se moqua de ces sommations, et faisant sonner les trompettes, il disposa ses troupes en ordre de bataille, et marcha fièrement vers l'armée du roi, qui, de son côté, quittait son camp, et s'avançait bannières déployées, comme pour livrer sur-le-champ le combat. Il paraît toutefois que le message du héraut avait produit quelque effet sur les partisans de Douglas, et peut-être sur Douglas lui-même, en le faisant douter de leur attachement. Il vit ou il crut voir que ses troupes étaient découragées, et il les reconduisit dans son camp, espérant leur inspirer plus de confiance et de zèle. Mais ce mouvement eut un effet tout différent, car le comte ne fut pas plus tôt rentré sous sa tente, que sir James Hamilton vint lui faire des reproches, et le presser de lui dire s'il avait ou non l'intention de combattre, l'assurant que chaque jour de délai était tout en faveur du roi, et que plus il différerait la bataille, moins il aurait de soldats. Douglas lui répondit avec mépris que s'il avait peur de rester, il était libre de s'en retourner chez lui. Hamilton le prit au mot, et, quittant son camp la nuit même, se rendit à celui du roi. Son exemple fut si généralement suivi, que l'armée du comte parut s'être débandée tout à coup, et que le lendemain matin il ne restait pas cent hommes dans le camp désert et silencieux de Douglas, excepté ses propres vassaux. Il fut obligé de fuir à Annandale, où ses frères et les hommes qui lui restaient furent complètement battus par les Scotts, et autres habitans des frontières, près d'un endroit nommé Arkinholme. Un des frères du comte fut tué dans la bataille, le second fut blessé, fait prisonnier et exécuté à l'instant même. Le troisième s'enfuit en Angleterre, où le comte trouva aussi un asile. Ainsi le pouvoir de cette famille illustre et influente, qui paraissait sur le chemin du trône, s'évanouit enfin sans commotion violente, et sa grandeur, qui avait été fondée par la bravoure et la loyauté du Bon Lord James, fut détruite par la rébellion et la conduite irrésolue du dernier comte.

Cet infortuné resta près de vingt ans proscrit en Angleterre, et il était presque oublié dans son pays, lorsque, sous le règne suivant, en 1484, il fut vaincu et fait prisonnier, dans une petite excursion qu'il tenta sur les frontières d'Annandale. Il fut obligé de se rendre à un frère de Kirkpatrick de Closeburn, qui avait été vassal du comte dans le temps de sa gloire, et qui versa des larmes en voyant son vieux maître dans une situation si déplorable. Il lui proposa même de lui rendre la liberté, et de fuir avec lui en Angleterre, mais Douglas rejeta son offre. — Je suis fatigué de l'exil, lui dit-il, et puisque le roi a promis une récompense à celui qui livrerait ma tête, j'aime mieux que vous la gagniez que tout autre, vous qui m'avez été fidèle aussi long-temps que je l'ai été à mon caractère. La conduite de Kirkpatrick n'en fut pas moins noble et généreuse. Il cacha le comte dans un asile secret, et ne le livra au roi qu'après avoir obtenu la promesse que les jours de son prisonnier ne seraient point menacés. Douglas fut alors condamné à se retirer dans l'abbaye de Lindores, sentence à laquelle il se soumit avec calme, en rappelant le proverbe populaire : — celui qui ne peut faire mieux doit se faire moine. — Il vécut quatre ans dans ce couvent, et comme il était le dernier de sa famille, en lui s'éteignit la branche principale des redoutables comtes de Douglas.

D'autres familles écossaises s'élevèrent sur leurs ruines, par la confiscation de leurs grands biens, qui furent distribués à ceux qui avaient aidé le roi à anéantir leur puissance. Le comte d'Angus, qui, quoique parent du comte de Douglas, s'était rangé sous la bannière royale, en reçut la plus grande part, et elle fut si considérable que, comme nous le verrons bientôt, elle mit les Angus en état de se lancer dans la carrière ambitieuse qui avait perdu la branche aînée de la famille, mais ils ne s'élevèrent jamais aussi haut, et ne furent point entraînés dans un abîme aussi terrible que celui qui avait englouti les Douglas.

Le pouvoir d'Hamilton s'accrut aussi par la chute de cette famille. Sa désertion du camp de son parent à Abercorn, dans un moment si décisif, avait été très utile; ce service fut récompensé par le don de terres considérables, et par la main de la fille aînée du roi.

Sir David Scott de Kirkurd et de Buccleuch obtint aussi de riches récompenses pour ses services et ceux de son clan à la bataille d'Arkinholme, et vit commencer pour lui cette suite de prospérités qui élevèrent sa famille jusqu'à la couronne ducale.

Ainsi va le monde, mon cher enfant; la chute d'un grand homme ou d'une famille illustre devient la cause de l'élévation des autres, comme un arbre qui tombe jette ses semences sur la terre, et donne naissance aux jeunes rejetons qui doivent s'élever à sa place.

Les Anglais, retenus dans leur pays par les terribles guerres civiles d'York et de Lancastre, laissèrent l'Écosse un peu plus tranquille pendant le règne de Jacques II. C'est peut-être pour la même raison que les Écossais obtinrent l'avantage dans la bataille de Sark et dans deux autres affaires.

Délivré de la rivalité des Douglas et de la guerre opiniâtre que lui avait faite l'Angleterre, Jacques II gouverna l'Écosse avec fermeté. Le royaume jouit d'une grande tranquillité pendant son règne; et son dernier parlement crut pouvoir lui recommander l'exécution ferme et régulière des lois, comme à un prince qui possédait tous les moyens de s'acquitter de son devoir de roi sans avoir à craindre aucune résistance de la part des factieux ni des infracteurs de la justice. C'était en 1458. Mais, hélas! deux ans après, toutes ces belles espérances étaient évanouies.

Le château-fort de Roxburgh, situé sur les frontières, était toujours resté au pouvoir des Anglais depuis la fatale bataille de Durham. Le roi résolut de reprendre ce boulevard du royaume. Rompant une trêve qui existait alors avec l'Angleterre, Jacques convoqua toutes les forces de l'Écosse pour exécuter ce grand projet. A l'appel d'un prince respecté et qui était généralement heureux dans ses entreprises militaires, les nobles, accompagnés de leurs vassaux, accoururent en foule. Donald des Iles lui-même se conduisit en vassal fidèle et soumis, et vint se mettre à la disposition du roi avec une troupe nombreuse qui prouvait l'étendue de son autorité. Ses soldats étaient armés à la manière des Highlands, ayant des chemises ou cottes de mailles, des claymores, des haches, des arcs et des flèches; et Donald offrit de marcher un mille en avant de l'armée du roi lorsque les Écossais entreraient en Angleterre, et de s'exposer au danger de la première attaque. Mais le principal but de Jacques était le siège de Roxburgh. Ce château était situé sur une éminence près du confluent de la Tweed et du Teviot; les eaux du Teviot, élevées par une écluse, entouraient la forteresse, et ses murs étaient aussi forts que les ingénieurs de cette époque étaient capables d'en élever. Il avait été pris jadis par stratagème, mais Jacques se disposa à l'attaquer dans les règles.

Dans ce dessein, il établit sur la rive septentrionale

de la Tweed une batterie de gros canons, tels qu'on les construisait à cette époque. Le siège durait depuis quelque temps, et l'armée commençait à se fatiguer, lorsqu'elle reprit un nouveau courage par l'arrivée du comte de Huntly, qui amenait un corps de troupes fraîches. Le roi, enchanté de ce secours, commanda à son artillerie de faire une décharge générale contre le château, et resta lui-même près des pièces pour voir l'effet qu'elles produiraient. Les canons d'alors étaient grossièrement formés de barres de fer, attachées ensemble par des cercles du même métal, à peu près comme les tonneaux sont faits maintenant. Vous concevez qu'ils étaient bien plus sujets à se fendre que les canons modernes, qui sont coulés d'une seule pièce et creusés ensuite. Une de ces pièces mal fabriquées creva en tirant; un éclat de fer cassa l'os de la cuisse de Jacques et le tua sur la place; un autre blessa le comte d'Angus. Aucune autre personne ne fut atteinte, quoiqu'il y eût beaucoup de monde à l'entour. Ainsi mourut Jacques II, à l'âge de vingt-neuf ans, après en avoir régné vingt-quatre.

Ce roi ne possédait pas les brillantes qualités de son père; et la manière dont il tua Douglas est une tache pour sa mémoire. Cependant, à tout prendre, c'était un bon roi, et il fut très-regretté de ses sujets. Un églantier marque encore la place où il mourut, dans le parc du duc de Roxburgh, à Fleurs (1).

(1) Roxburgh est situé à peu de milles de distance d'Abbotsford.
Éd.

# CHAPITRE XIX.

RÈGNE DE JACQUES III. — INSURRECTION DES HOMES ET DES HEPBURNS. — MEURTRE DU ROI.

Après la mort déplorable de Jacques II, l'armée qui était devant Roxburgh perdit courage, et parut vouloir lever le siège. Mais la reine Marguerite arriva au milieu du conseil de guerre, conduisant par la main son fils aîné, l'héritier de la couronne, enfant âgé de huit ans, et prononça ces paroles énergiques : — Fi, mes nobles lords, n'auriez-vous point de honte d'abandonner une expédition commencée avec tant de bravoure, et de ne point venger sur ce château fatal le malheureux événement arrivé sous ses murs ! En avant, mes braves lords, persévérez dans votre entreprise, et ne quittez ces lieux qu'après avoir victorieusement enlevé la place. Qu'il ne soit pas dit que des champions aussi braves ont eu besoin de recevoir d'une femme, et d'une pauvre veuve, les encouragemens et les consolations qu'elle avait plutôt droit d'attendre d'eux.

Les nobles écossais répondirent à cet appel héroïque par des acclamations unanimes, et ils continuèrent le siège du château de Roxburgh, jusqu'à ce que la garnison, prise par famine et ne recevant aucun secours, fût obligée de se rendre. On dit que le gouverneur fut mis à mort, et que les Écossais, dans l'animosité qui les excitait contre tout ce qui avait rapport à la mort de leur roi, nivelèrent jusqu'au sol les murs du château. L'armée écossaise revint victorieuse d'une expédition qui lui avait coûté si cher.

La minorité de Jacques III fut plus heureuse que celle de son père et de son grand-père. Les affaires du royaume furent dirigées par la sage expérience de l'archevêque Kennedy. Roxburgh, comme je vous l'ai dit, avait été pris et détruit. Berwick, pendant les guerres civiles d'Angleterre, s'était rendu aux Écossais, et les îles d'Orkney et de Zetland, qui jusqu'alors avaient appartenu aux rois de Norwège, furent réunies à la couronne d'Écosse par le mariage du jeune roi avec une princesse de Danemarck et de Norwège qui les lui apporta en dot.

Ces circonstances favorables furent troublées par la mort de l'archevêque Kennedy; et bientôt après, la famille des Boyds chercha à augmenter son pouvoir d'une manière qui parut menacer la tranquillité publique. Le tuteur de Jacques III était Gilbert Kennedy, homme sage et grave qui continua à diriger l'éducation du roi après la mort du prélat son frère, mais qui malheureusement désigna, pour partager ses soins, sir Alexandre, frère de lord Boyd, comme étant plus jeune et plus capable que lui d'apprendre à Jacques les élémens de la guerre. Par cet arrangement, sir Alexandre, son frère lord Boyd, et ses deux fils, devinrent si intimes avec le roi, qu'ils résolurent de le soustraire entièrement à l'autorité de Kennedy. La cour résidait alors à Linlithgow, et le roi, pendant une partie de chasse, se laissa persuader de n'y pas retourner et de se rendre à Édimbourg. Kennedy se hâta de s'opposer au projet du roi, et saisissant son cheval par la bride, il le supplia de revenir à Linlithgow. Alexandre Boyd piqua des deux, et frappant avec un épieu de chasse le vieillard, qui méritait de sa part un meilleur traitement, il le força à quitter les rênes du cheval du roi, et réussit dans son dessein d'entraîner Jacques à Édimbourg. De ce moment, le roi commença à s'occuper de l'administration des affaires, et ayant accordé aux Boyds un pardon solennel pour la violence dont ils s'étaient rendus coupables, il se laissa pendant quelque temps diriger par leurs conseils. Sir Thomas, un des fils de lord Boyd, fut honoré de la main de la princesse Marguerite, sœur aînée du roi, et créé comte d'Arran. Il méritait cette élévation par ses qualités personnelles, s'il ressemblait au portrait que fait de lui un gentilhomme anglais. Il le dépeint comme — le très-courtois, le très-aimable, le très-sage, le très-bon et le très-libéral comte d'Arran. — Et plus loin comme un homme — à la taille légère, mais robuste, beau parleur, bon archer, et chevalier très-dévoué, très-parfait, et très-fidèle à sa dame. —

Malgré ces rares perfections, l'élévation subite de cette famille fut suivie d'une chute non moins subite. Le roi priva les Boyds de leurs emplois, et les fit mettre en jugement pour la violence dont ils avaient usé à Linlithgow, malgré le pardon qu'il leur avait accordé. Sir Alexandre Boyd fut condamné à mort et exécuté. Lord Boyd et ses fils parvinrent à s'échapper, et moururent en exil. Après la mort de sir Thomas, comte d'Arran, la princesse Marguerite fut mariée à lord Hamilton, à qui elle apporta le domaine et le nom d'Arran.

Ce fut après la chute des Boyds que le roi se mit à la tête du gouvernement et que les imperfections de son caractère commencèrent à se manifester. Il était craintif, grand défaut dans un siècle belliqueux, et sa poltronnerie lui faisait soupçonner sans cesse tous ceux qui l'entouraient, et particulièrement ses deux frères. Il tenait beaucoup à l'argent, ce qui l'empêchait de se montrer généreux à l'égard des grands de sa cour, seul moyen de s'assurer leur attachement; il cherchait, au contraire, à augmenter ses richesses en empiétant sur les droits des prêtres et des laïques, ce qui lui attira tout à la fois la haine et le mépris. Il aimait passionnément les beaux-arts, goût heureux et digne d'un roi, s'il l'avait manifesté d'une manière convenable à sa dignité. Mais les architectes et les musiciens étaient ses compagnons favoris, et il excluait la noblesse de sa société intime, pour y admettre ceux que les hautains barons écossais appelaient des maçons et des ménétriers. Cochran, architecte, Rogers, musicien, Léonard, forgeron, Hommel, tailleur, et Torphichen, maître d'armes, étaient ses amis et ses conseillers. Les habitudes de basse société qu'il prenait avec ces sortes de gens excitèrent la haine de la noblesse, qui commença à faire des comparaisons toutes au désavantage du roi entre lui et ses deux frères, les ducs d'Albany et de Mar.

Ces deux princes avaient la tournure et les manières qui semblaient alors convenir le mieux à leur naissance royale. Voilà le portrait qu'un ancien auteur écossais nous donne du duc d'Albany. — Il était d'une haute stature, bien fait dans sa personne, d'une figure avenante, c'est-à-dire qu'il avait les joues larges, le nez rouge et de grandes oreilles, et sachant prendre une physionomie sombre et redoutable lorsqu'il lui *plaisait* de parler à quelqu'un qui lui avait *déplu*. — Le comte de Mar était d'un caractère moins sévère, et s'attirait l'affection de tous ceux qui l'approchaient, par la douceur et l'aménité de ses manières. Ces deux princes excellaient dans tous les exercices militaires, dans l'escrime, la joûte, la chasse au tir ou au faucon, talens que le roi leur frère avait négligé d'acquérir, soit par goût, soit par timidité, quoiqu'à cette époque ils fussent regardés comme indispensables pour un homme d'une haute naissance.

Peut-être doit-on excuser jusqu'à un certain point

les craintes pusillanimes de Jacques en réfléchissant aux dispositions turbulentes des nobles écossais, qui, comme les Douglas et les Boyds, nourrissaient souvent d'ambitieux projets qu'ils cherchaient à faire réussir en contrôlant sévèrement toutes les actions du roi. L'incident suivant pourra vous amuser un moment, au milieu de tant d'histoires tristes, et vous montrera en même temps les mœurs des rois d'Écosse et les craintes que Jacques entretenait contre sa noblesse.

Vers l'année 1474, lord Somerville étant de service à la cour, Jacques III lui annonça qu'il avait l'intention d'aller lui rendre visite à son château de Cowthally, près de la ville de Carnwhath, où il vivait alors, et où il exerçait l'hospitalité de cette grossière époque d'une manière qui lui était toute particulière. Lorsque étant hors de chez lui, il avait intention d'y revenir avec plusieurs amis, lord Somerville avait coutume de n'écrire que ces mots, *Speates and raxes*, c'est-à-dire grils et tournebroches, croyant exprimer suffisamment qu'il fallait préparer une grande quantité de provisions et mettre en mouvement les grils et les tournebroches. La visite du roi en personne ne put même engager lord Somerville à donner des ordres plus précis; seulement il écrivit trois fois de suite sa recommandation ordinaire, et envoya la lettre par un exprès. Ce message fut remis à lady Somerville, qui, mariée depuis peu, n'était pas encore habituée à lire l'écriture de son mari, probablement assez mauvaise, à une époque où les nobles se servaient plus souvent de l'épée que de la plume. Elle fit venir l'intendant; et, après avoir étudié long-temps ensemble le billet de milord, au lieu de lire *speates and raxes*, grils et tournebroches, trois fois répétés, ils crurent voir *spears and jacks*, *spears and jacks*, *spears and jacks*, c'est-à-dire *lances et jaquettes*. Les jaquettes étaient une sorte de pourpoint de cuir, couvert de plaques de fer, qui servait d'armure aux cavaliers d'un rang inférieur. Ils conclurent de ces terribles paroles que lord Somerville était menacé de quelque danger, ou qu'engagé dans une querelle à Édimbourg, il demandait du secours, de sorte qu'au lieu de mettre les broches en activité et de tout préparer pour un festin, ils rassemblèrent des hommes armés et tinrent tout prêt pour un combat.

Une troupe de deux cents cavaliers réunie à la hâte galopaient à travers les marais qui conduisent à Édimbourg, lorsqu'ils aperçurent une nombreuse compagnie de gentilshommes qui s'amusaient à chasser au faucon sur le penchant de Corsett-Hill. C'était le roi et lord Somerville qui se rendaient à Cowthally, et qui charmaient, en chassant, les ennuis de la route. A la vue d'un corps nombreux de gens armés, ils se hâtèrent de cesser leur jeu, et le roi, voyant flotter aux premiers rangs la bannière de lord Somerville, en conclut qu'il s'agissait de quelque entreprise rebelle et coupable contre sa personne, et accusa le baron de trahison. Lord Somerville protesta de son innocence.

— Je dois avouer, dit-il, que ce sont mes gens et ma bannière, mais j'ignore absolument ce qui peut les amener ici. Si Votre Grace veut me permettre de prendre les devans, je saurai bientôt la cause de tout ce tumulte. Pendant ce temps, je laisserai mon fils aîné en ôtage auprès de vous, et je consens qu'il soit mis à mort si j'ai forfait en rien mon devoir.

Le roi permit à lord Somerville d'aller interroger ses vassaux, et le chef de la troupe lui expliqua la cause de leur course précipitée. Cette erreur ne fut plus alors qu'un sujet de gaieté, car le roi, après avoir regardé la lettre, protesta que lui-même aurait lu *lances et jaquettes*, plutôt que *grils et tournebroches*. Lorsqu'ils arrivèrent à Cowthally, lady Somerville fut très-confuse de sa méprise; mais le roi la loua beaucoup de la célérité qu'elle avait mise à envoyer du secours à son mari, et lui dit qu'il espérait qu'elle aurait toujours une troupe aussi brave à son service lorsque l'intérêt du roi ou du royaume l'exigerait. Ainsi se termina cette burlesque aventure.

Il était naturel qu'un prince d'un caractère à la fois aussi timide et aussi sévère que paraît l'avoir été Jacques III vît avec anxiété l'ascendant que ses frères avaient acquis sur les cœurs de ses sujets; et les insinuations des hommes vils et obscurs dont le roi faisait sa société intime changèrent bientôt cette anxiété et ces soupçons en une haine mortelle et implacable. Différentes causes se réunissaient pour engager ces indignes favoris à semer la discorde entre ses frères et lui. Les Homes et les Hepburns, familles dont la chute des Douglas avait beaucoup augmenté le pouvoir, avaient plusieurs démêlés avec le duc d'Albany, au sujet de privilèges et de propriétés appartenant au comté de March, dont il avait été investi par son père. Albany était aussi lord Gardien (lord Warden) des marches de l'est, et en cette qualité il avait mécontenté ces deux clans en mettant des bornes à leur pouvoir. Pour se venger ils traitèrent avec Robert Cochran, le principal conseiller du roi, et lui firent, dit-on, des présens considérables pour qu'il noircît le duc d'Albany dans l'esprit de son frère. L'intérêt personnel de Cochran s'accordait avec ses vils projets; car il savait que Mar et Albany désapprouvaient l'intimité du roi avec lui et ses compagnons.

Ces indignes favoris se mirent donc à remplir l'esprit du roi de terreurs et d'appréhensions sur les dangers qu'ils prétendaient que lui préparaient ses frères. Ils lui racontèrent que le comte de Mar avait consulté des sorcières, pour savoir quand et comment le roi mourrait, et qu'elles lui avaient répondu que ce serait de la main de ses plus proches parens. Ils amenèrent aussi à Jacques un astrologue, c'est-à-dire un homme qui prétendait lire l'avenir dans le mouvement des astres, qui lui dit qu'il y avait un lion en Écosse qui serait mis à mort par ses lionceaux. Tout cela fit une telle impression sur l'esprit timide et jaloux du roi, qu'il fit arrêter ses frères. Albany fut enfermé dans le château d'Édimbourg; mais le sort de Mar fut décidé sur-le-champ. Le roi le fit étouffer dans le bain, ou, selon d'autres historiens, lui fit tirer jusqu'à la dernière goutte de son sang. Jacques III commit cet horrible crime pour éviter des dangers en grande partie imaginaires; mais nous verrons bientôt que la mort de son frère Mar compromit sa sûreté plutôt qu'elle ne l'assura.

Albany courait grand risque de partager le même sort; mais quelques-uns de ses amis de France ou d'Écosse avaient dressé leur plan pour le délivrer. Un petit sloop entra dans la rade de Leith, chargé de vins de Gascogne, et deux feuillettes furent envoyées en présent au prince captif. La garde du château ayant permis qu'elles fussent portées dans la chambre d'Albany, le duc, en les examinant en secret, trouva dans l'une une grosse boule de cire renfermant une lettre, qui l'exhortait à s'échapper, et lui promettait que le petit bâtiment qui avait apporté le vin serait prêt à le recevoir s'il pouvait gagner le bord de l'eau. On le conjurait en outre de se hâter, parce qu'il devait avoir la tête tranchée le jour suivant. Un gros rouleau de cordes était aussi renfermé dans le même tonneau, pour qu'il pût descendre du haut des murs du château jusqu'au pied du rocher sur lequel il est bâti. Son chambellan, serviteur fidèle, partageait la prison de son maître, et promit de l'aider dans sa périlleuse entreprise.

Le point principal était de s'assurer du capitaine des gardes. Dans ce dessein, Albany l'invita à venir souper avec lui, sous prétexte de goûter le bon vin dont on lui avait fait présent. Le capitaine, après avoir posé des gardes où il croyait qu'il pouvait y avoir du danger, se rendit dans la chambre du duc, accompagné de trois soldats, et partagea la collation qui lui fut offerte. Après le souper, le duc l'engagea à jouer au trictrac, et le capitaine, assis à côté d'un grand feu, et travaillé par le vin que le chambellan ne cessait de lui verser, commença à s'assoupir ainsi que ses soldats, à qui le vin n'avait pas été épargné davantage. Alors le duc d'Albany, homme vigoureux, dont le désespoir doublait encore les forces, s'élança de la table, et frappa de son poignard le capitaine, qui tomba roide mort. Il se défit de la même manière de deux des soldats, pendant que le chambellan expédiait le troisième, et ils jetèrent leurs corps dans le feu. Ils vinrent d'autant plus facilement à bout de ces pauvres diables, que l'ivresse et la surprise les avaient presque hébétés. Ils prirent alors les clefs dans la poche du capitaine, et montant sur les murs, choisirent un coin reculé hors de la vue des gardes, pour effectuer leur périlleuse descente.

Le chambellan voulut essayer la corde en descendant le premier; mais elle était trop courte; il tomba, et se cassa la cuisse. Il cria alors à son maître d'allonger la corde. Albany retourna dans sa chambre, prit les draps de son lit, les attacha à la corde, et se trouva bientôt sain et sauf au pied du rocher. Alors il prit son chambellan sur ses épaules, le porta dans un lieu sûr, où il pût rester caché jusqu'à ce que sa blessure fût guérie, et se rendit sur le bord de la mer, où, au signal convenu, une barque vint le prendre, et le conduisit à bord du sloop, qui fit voile à l'instant pour la France.

Pendant la nuit, les gardes, qui savaient que leur officier était avec trois hommes dans l'appartement du duc, n'eurent aucun soupçon de ce qui se passait;

mais lorsqu'au point du jour ils aperçurent la corde qui pendait le long des murs, ils prirent l'alarme, et se précipitèrent dans la chambre du duc; ils y trouvèrent le corps d'un des soldats en travers devant la porte, et ceux du capitaine et des deux autres étendus dans le feu. Le roi fut très-surpris d'une évasion si extraordinaire, et il ne voulut y ajouter foi qu'après avoir examiné la place de ses propres yeux.

La mort de Mar et la fuite d'Albany augmentèrent l'insolence des indignes favoris du roi. Robert Cochran, l'architecte, devint si puissant qu'aucune pétition ne parvenait jusqu'au roi que par son entremise, et qu'il se faisait donner des sommes considérables pour les appuyer. Enfin il amassa tant de richesses, qu'il fut à son tour en état de séduire le roi, et qu'il en obtint à prix d'argent le comté de Mar avec les terres et les revenus du prince assassiné. Tout le monde fut transporté d'indignation en voyant l'héritage de l'infortuné duc de Mar, du fils d'un roi d'Écosse, passer entre les mains d'un vil parvenu comme ce Cochran. Il se rendit coupable d'une autre espèce de malversation, en faisant mêler dans l'argent monnoyé du cuivre et du plomb, ce qui diminuait la valeur de chaque pièce, tandis qu'une ordonnance royale prescrivait de les recevoir pour la même valeur que si elles eussent été d'argent pur. Les paysans refusèrent de vendre leur blé et leurs autres denrées pour cette monnaie falsifiée, ce qui occasiona de grands troubles et une grande disette. Un ami de Cochran lui conseilla de retirer cette monnaie de la circulation, et de faire frapper des pièces de bon aloi; mais il avait tant de confiance dans la durée des *Cochran-placks* (1), comme le peuple les appelait, qu'il répondit : — Le jour où je serai pendu ils pourront être supprimés, mais pas avant. Il était loin de prévoir alors que ces paroles, dites en plaisantant, devaient s'accomplir un jour à la lettre.

En 1482, les différends avec l'Angleterre prirent un caractère plus grave, et Édouard IV fit des préparatifs pour envahir l'Écosse, principalement dans l'espoir de reprendre Berwick. Il engagea le duc d'Albany à venir de France pour se joindre à son entreprise, lui promettant de le placer sur le trône d'Écosse au lieu de son frère. Ce bruit fut répandu dans l'espoir de tirer avantage de la haine portée au roi Jacques et de la disposition générale des esprits en faveur du duc d'Albany.

Mais, quelque mécontens qu'ils fussent de leur souverain, les Écossais ne se montrèrent nullement disposés à recevoir un autre roi de la main des Anglais. Le parlement s'assembla, et d'une voix unanime déclara la guerre à Édouard-le-Voleur, comme ils appelaient Édouard IV. Pour joindre les faits aux paroles, Jacques convoqua le ban et l'arrière-ban de son royaume, c'est-à-dire tous les hommes qui étaient tenus de le suivre à la guerre; il leur donna rendez-vous au Borough-Moor d'Édimbourg, d'où ils se dirigèrent sur Lauder, et campèrent entre la rivière de Leader et la ville, au nombre de cinquante mille hommes.

(1) Le *plack* est la plus petite monnaie de cuivre d'Écosse.
T<small>R</small>.

Mais les grands barons, qui avaient amené leurs vassaux, étaient moins disposés à marcher contre les Anglais qu'à redresser les abus de l'administration du roi Jacques.

Ils s'assemblèrent en grand nombre et tinrent un conseil secret dans l'église de Lauder. Tandis qu'ils s'étendaient sur les maux que l'insolence et la corruption de Cochran et de ses créatures avaient fait souffrir à l'Écosse, lord Gray les pria de lui permettre de leur raconter une petite fable. « Les rats, dit-il, ayant tenu conseil pour aviser aux moyens d'échapper à la dent meurtrière du chat, résolurent de lui attacher au cou un grelot qui les avertirait de son arrivée et leur donnerait le temps de gagner leur trou. Mais quoique cette mesure fût adoptée d'une voix unanime, il devint impossible de l'exécuter, car aucun rat ne se sentit le courage d'attacher le grelot au cou de leur formidable ennemi. » C'était assez leur dire que quelques résolutions vigoureuses qu'ils prissent contre les favoris du roi, il serait difficile de trouver quelqu'un d'assez courageux pour les exécuter.

Archibald, comte d'Angus, homme d'une force athlétique et d'un courage intrépide, et chef de la seconde branche des Douglas dont je vous ai déjà parlé, s'élança de sa place dès que Gray eut fini son apologue, en s'écriant : « C'est moi qui attacherai le grelot. » Exclamation qui lui valut le surnom d'*Attache-grelot au chat* (*Bell-the-cat*) jusqu'à sa mort.

Pendant qu'ils s'occupaient de la sorte, un coup

bruyant, qui annonçait l'autorité de celui qui frappait, se fit entendre à la porte. Il annonçait l'arrivée de Cochran, suivi d'une garde de trois cents hommes attachés à sa personne, portant sa livrée blanche avec des paremens noirs, et armés de pertuisanes. Sa parure répondait à ce magnifique cortège. Il avait un habillement complet de velours noir; une belle chaîne d'or entourait son cou, et un cor de chasse, monté aussi en or, pendait à son côté. Son casque, orné de riches dorure, était porté devant lui; et sa tente ainsi que les cordes qui servaient à la dresser étaient de la plus belle soie. Ayant appris que les nobles tenaient un conseil secret, il était venu dans ce superbe équipage, pour voir ce qui se passait, et c'était dans ce dessein qu'il frappait à coups redoublés à la porte de l'église. Sir Robert Douglas de Lochleven, qui avait été chargé de la garder, demanda qui était là. Cochran répondit: « le comte de Mar; » et les nobles furent charmés de voir qu'il venait pour ainsi dire se livrer lui-même entre leurs mains.

Comme Cochran entrait dans l'église, Angus, pour tenir la promesse qu'il avait faite d'attacher le grelot, tira brusquement la chaîne d'or qui ornait le cou du favori, en disant « qu'une corde lui conviendrait mieux. » En même temps sir Robert Douglas lui arrachait son cor de chasse, sous prétexte qu'il s'en était servi trop long-temps pour appeler sur l'Écosse toutes sortes de calamités.

— Est-ce une plaisanterie, ou cela est-il sérieux, milords? demanda Cochran plus étonné qu'alarmé de cette brusque réception.

— Très-sérieux, comme vous ne l'éprouverez que trop, vous et vos complices, lui répondirent-ils ; car vous avez abusé de la faveur du roi, et maintenant vous allez recevoir la récompense que vous méritez.

Il ne paraît pas que Cochran ou ses gardes aient fait la moindre résistance. Une partie de la noblesse se rendit au pavillon du roi, et tandis que les uns l'empêchaient de s'apercevoir de ce qui se passait en causant avec lui, les autres s'emparaient de Léonard, d'Hommel, de Torphichen et des autres favoris, sans oublier Preston, un des deux seuls gentilshommes qui partageassent la faveur du roi avec de tels personnages. Ils furent tous à l'instant condamnés à mort pour avoir égaré le roi et mal gouverné le royaume. Le seul qui échappa au sort de ses associés fut John Ramsay de Balmain, jeune homme de bonne famille, qui s'attacha fortement à la ceinture du roi lorsqu'il vit qu'on arrêtait les autres. Les nobles l'épargnèrent par égard pour son âge, car il n'avait que seize ans, et pour les vives instances que le roi leur fit en sa faveur. Les troupes faisaient retentir l'air de bruyantes exclamations de joie, et elles s'empressaient d'offrir les cordes de leurs tentes et les licous de leurs chevaux pour exécuter ces coupables ministres. Cochran, qui était très-audacieux, et qui avait attiré pour la première fois sur lui l'attention du roi par sa conduite ferme dans un duel, conserva tout son courage, quoiqu'il le montrât d'une manière bien absurde. Il eut la vanité de demander que ses mains ne fussent point liées avec une corde de chanvre, mais avec une corde de soie, et pria qu'on allât chercher celles de sa tente; mais cette demande ne servit qu'à indiquer à ses ennemis un moyen de lui infliger une peine de plus. Ils lui dirent qu'il n'était qu'un misérable fripon, et qu'aucune espèce de honte ne lui serait épargnée, et ils firent chercher un licou de crin, comme plus ignominieux encore qu'une corde de chanvre. Ils s'en servirent pour pendre Cochran au milieu du pont de Lauder (qui n'existe plus), entouré de tous ses compagnons, qui partagèrent le même sort. Lorsque l'exécution fut terminée, les lords retournèrent à Édimbourg, et ils décidèrent que le roi resterait dans le château sous une surveillance exacte, mais respectueuse (1).

Pendant ce temps, les Anglais reprenaient Berwick, place importante que les Écossais ne parvinrent jamais à recouvrer, quoiqu'ils aient continué à soutenir leurs prétentions sur ce boulevard des marches de l'est. Les Anglais paraissaient disposés à poursuivre leurs avantages; mais l'armée écossaise s'étant portée à Haddington pour les combattre, la paix fut conclue en partie par la médiation du duc d'Albany, qui avait reconnu la vanité des espérances que les Anglais lui avaient données, et qui, renonçant à tous ses rêves d'ambition, n'employa son influence que pour obtenir la cessation des hostilités.

On dit que le duc d'Albany et le célèbre Richard, duc de Glocester, qui devint ensuite roi d'Angleterre

(1) Il est fait plus d'une fois allusion à cet événement dans le poëme de *Marmion* et les notes. — Éd.

sous le nom de Richard III, négocièrent les conditions de la paix, non-seulement entre la France et l'Angleterre, mais même entre le roi et la noblesse. Ils eurent une entrevue à Édimbourg avec les lords écossais qui avaient dirigé les affaires du royaume depuis la captivité du roi. Le conseil ne voulut point écouter le duc de Glocester, pensant avec raison qu'un Anglais n'avait pas le droit d'intervenir dans les affaires de l'Écosse; mais ils montrèrent toute la déférence possible pour le duc d'Albany, le priant de leur faire connaître ce qu'il désirait d'eux.

— D'abord, et avant tout, dit-il, je désire que le roi mon frère soit mis en liberté.

— Milord, dit Archibald l'Attache-grelot, qui était leur chancelier, ce que vous demandez va être fait, et cela parce que c'est vous qui le demandez. Quant à la personne qui vous accompagne (voulant parler du duc de Glocester), nous ne la connaissons pas, et nous ne ferons rien à son intercession. Mais nous savons que vous êtes le frère du roi, et son plus proche héritier après son fils. Nous vous confions donc la personne de Jacques III, espérant qu'à l'avenir il se conduira d'après vos conseils, et gouvernera le royaume de manière à ne pas exciter le mécontentement du peuple et à ne pas nous forcer, nous nobles écossais, à agir contre sa volonté.

Jacques, ayant été mis en liberté, se réconcilia si parfaitement en apparence avec le duc d'Albany, que les deux frères partageaient la même chambre, mangeaient à la même table et couchaient dans le même lit. Tandis que le roi surveillait les bâtimens qu'il se plaisait à élever, et se livrait à des amusemens frivoles, Albany administrait les affaires du royaume, et il le fit quelque temps avec succès. Mais son ambition ne tarda pas à se montrer de nouveau. La nation prit ombrage de ses liaisons intimes avec les Anglais, et conçut de justes craintes que le duc ne cherchât à s'emparer de la couronne à l'aide de Richard III, alors roi d'Angleterre. Le duc fut donc encore une fois obligé de fuir en Angleterre, où il resta quelque temps, combattant dans les rangs des Anglais contre ses compatriotes. Il était à cette affaire où le vieux comte de Douglas fut fait prisonnier en 1483, et ne s'échappa que grace à la vitesse de son cheval. Bientôt après, Albany se retira en France, où il épousa une fille du comte de Boulogne, dont il eut un fils, John, qui devint ensuite régent d'Écosse sous le règne de Jacques V. Albany fut grièvement blessé d'un éclat de lance à un des tournois dont je vous ai donné la description, et il en mourut. La versatilité avec laquelle il changea d'opinion et de parti détruisit la haute idée que, dans sa jeunesse, on avait conçue de son caractère.

Affranchi de la tutelle de son frère, le roi retomba graduellement dans les habitudes avilissantes qui lui avaient déjà coûté si cher. Pour empêcher qu'on ne pût encore s'assurer de sa personne par la violence, il défendit qu'aucun de ses sujets se présentât jamais armé en sa présence, à l'exception de ses gardes, qui furent placés sous le commandement de ce même John Ramsay de Balmain, le seul de ses premiers favoris qui eût été épargné par ATTACHE-GRELOT et les nobles lords, dans l'insurrection de Lauder. Cette mesure fut regardée comme très-offensante dans un pays où l'on regardait comme dangereux et comme une sorte de déshonneur d'être sans armes.

Comme cela arrive souvent, l'amour du roi pour l'argent augmentait à mesure qu'il avançait en âge. A peine accordait-il quelque faveur ou faisait-il droit à quelque réclamation sans recevoir un présent. Par ce moyen il accumula des trésors, qui, si l'on considère la pauvreté de son royaume, tiennent presque du prodige. Sa caisse noire ( c'était ainsi que le peuple appelait son coffre-fort) était pleine jusqu'aux bords de pièces d'or et d'argent, indépendamment d'une grande quantité de joyaux et de vaisselle plate. Mais tandis qu'il accumulait ces trésors, il augmentait le mécontentement du peuple et de la noblesse; et la haine et le mépris qu'inspiraient son avarice et sa faiblesse excitèrent enfin une rébellion générale contre lui.

Parmi beaucoup d'édifices magnifiques, le roi avait fait bâtir dans le château de Stirling une grande salle et une chapelle dans le plus beau style d'architecture gothique fleurie. Il avait aussi formé deux bandes complètes de musiciens et de choristes pour la chapelle, voulant qu'une des deux troupes le suivît partout où il irait, pour célébrer le service divin en sa présence, tandis que l'autre resterait chargée du service journalier de la chapelle.

Comme cet établissement nécessitait des dépenses considérables, Jacques résolut d'y assigner les revenus du prieuré de Coldingham, dans le comté de Berwick. Les terres de ce riche prieuré étaient situées au milieu des possessions des Homes et des Hepburns, qui avaient établi la coutume, coutume devenue presque un droit avec le temps, de choisir le prieur dans l'une ou l'autre des deux familles, afin d'être sûrs d'en être favorablement traités dans les négociations qu'ils pourraient avoir à faire avec l'Église. Lors donc que ces deux clans puissans virent qu'au lieu de nommer un Home ou un Hepburn pour remplir la place de prieur, le roi avait l'intention de consacrer les revenus de Coldingham à l'entretien de sa chapelle de Stirling, ils furent indignés, commencèrent à entretenir une correspondance secrète et à se liguer avec tous les mécontens de l'Écosse, particulièrement avec Angus et les autres lords qui avaient figuré dans l'affaire du pont de Lauder, et qui craignaient naturellement que le roi ne trouvât un jour ou l'autre le moyen de se venger de la mort de ses favoris et de l'espèce de captivité dans laquelle on l'avait tenu lui-même.

Lorsque le roi entendit parler pour la première fois de la ligue formée contre lui, elle avait pris tant d'extension que tout semblait prêt pour commencer la guerre. Tous les lords du midi de l'Écosse, qui pouvaient rassembler leurs forces avec une rapidité inconnue partout ailleurs, étaient en campagne et prêts à agir. Le roi, naturellement timide, prit le parti de fuir vers le nord. Il fortifia le château de Stirling, commandé par

Shaw de Fintrie, à qui il confia la garde du prince son fils et son héritier; lui défendant sur son honneur et sur sa vie de laisser entrer personne dans le château, ni d'en laisser sortir qui que ce fût. Il lui recommanda surtout que personne au monde ne pût parvenir jusqu'à son fils. Il déposa ses trésors dans le château d'Édimbourg, et ayant ainsi pourvu à la sûreté, du moins à ce qu'il croyait, des deux choses qu'il aimait le plus au monde, il se hâta de se rendre dans le nord, où les grands seigneurs et les gentilshommes se réunirent à lui; ainsi le nord et le midi de l'Écosse paraissaient au moment d'en venir aux mains.

Le roi, en passant par Fife, alla rendre visite au dernier comte de Douglas, qui, comme je vous l'ai dit, avait été forcé de se faire moine dans l'abbaye de Lindores. Il lui offrit de lui pardonner et de se réconcilier sincèrement avec lui s'il voulait reparaître dans le monde, se mettre à la tête de ses vassaux, et, par la terreur attachée à son nom, retirer des rangs des pairs rebelles tous ceux des habitans du sud qui n'avaient pas oublié la renommée des Douglas. Mais les pensées du vieux comte s'étaient tournées vers un autre monde, et il répondit au roi : — Ah! sire, votre grace m'a tenu si long-temps sous clef ainsi que sa caisse noir, que le temps où nous aurions pu lui être utile est passé pour jamais. — Il voulait parler du riche trésor que le roi avait amassé, et qui, distribué à propos, aurait pu lui faire beaucoup de partisans, de même que Douglas, lorsqu'il était jeune, aurait pu lever en sa faveur une armée considérable. Mais il était trop tard pour tirer parti de l'un ou de l'autre.

Pendant ce temps, Angus, Home, Bothwell, et les autres nobles insurgés, résolurent de s'emparer, s'il était possible, de la personne du jeune prince, espérant, quoiqu'il ne fût encore qu'un enfant, se prévaloir de son autorité pour l'opposer à celle de son père. En conséquence, ils corrompirent, à l'aide d'une somme considérable, Shaw, le gouverneur du château de Stirling, qui fit ce qu'ils désiraient. Dès qu'ils furent en possession de la personne du prince Jacques, ils publièrent sous son nom des proclamations, portant que le roi Jacques III appelait les Anglais en Écosse pour l'aider à renverser leurs libertés ; qu'il avait vendu les frontières de son royaume au comte de Northumberland et au gouverneur de Berwick ; déclarant, sous ce prétexte, qu'ils s'étaient réunis pour détrôner un roi dont les intentions étaient si perverses, et pour couronner son fils à sa place. Ces allégations étaient fausses ; mais le roi était si détesté, que le peuple ne balança pas à les croire.

En même temps, Jacques arriva devant Stirling à la tête d'une armée considérable, et demanda l'entrée du château. Mais le gouverneur refusa de lui en ouvrir les portes. Le roi demanda vivement son fils ; mais le perfide gouverneur répondit que les lords le lui avaient enlevé malgré lui. Alors le pauvre roi vit qu'il était trahi, et s'écria avec indignation : « Infâme imposteur, tu m'as trahi ; mais si je vis, tu seras traité comme tu le mérites ! » Si la trahison du gouverneur n'avait pas privé Jacques III du château de Stirling, il aurait pu, en s'enfermant dans cette forteresse, éviter une bataille jusqu'à ce que de nouvelles forces fussent venues à son secours, et réprimer les lords rebelles comme son père avait vaincu les Douglas devant Abercorn. Cependant, se trouvant à la tête d'une armée de près de trente mille hommes, il marcha courageusement vers les insurgés. Lord David Lindsay des Byres fut le premier à encourager le roi à se porter en avant. Il était venu le joindre avec mille cavaliers et trois mille fantassins des comtés de Fife et de Kinross; et voyant la perfidie dont le roi était victime, il s'avança vers lui sur un superbe cheval gris, en descendit légèrement, et le supplia d'accepter ce noble animal, qui, soit qu'il volât à l'ennemi ou qu'il fût forcé de battre en retraite, devancerait tout autre cheval en Écosse, pourvu que le roi pût se tenir en selle.

Jacques prit alors courage et marcha contre les rebelles, se fiant à ce que son armée était très-supérieure en nombre à la leur. Le champ de bataille n'était éloigné que d'un mille ou deux de celui où Bruce avait battu les Anglais dans la glorieuse journée de Bannockburn; mais le sort de son descendant et de son successeur fut bien différent.

L'armée du roi était divisée en trois grands corps. Dix mille montagnards, sous Huntly et Athole, formaient l'avant-garde. Dix mille des comtés de l'ouest étaient sous les ordres des lords d'Erskine, Grahame et Menteith. Le roi commandait l'arrière-garde, qui était composée des milices envoyées par les différentes villes. Le comte de Crawford et lord David Lindsay soutenaient l'aile droite à la tête des soldats de Fife et d'Angus, et lord Ruthven commandait à la gauche les habitans de Strathearn et de Stormont.

Le roi, après avoir disposé ses troupes en ordre de bataille, demanda le cheval que lord Lindsay lui avait donné, afin de pouvoir se porter en avant et observer les mouvemens de l'ennemi. Il le vit d'une éminence s'avancer en trois divisions d'environ six mille hommes chacune. Les Homes et les Hepburns commandaient la première, formée des habitans des frontières de l'est et du Lothian oriental. La seconde était composée de ceux des frontières de l'ouest, comprenant Liddesdale, Annandale et le Galloway. Les lords rebelles, avec leurs meilleurs soldats, formaient la troisième, ayant au milieu d'eux le jeune prince Jacques et la grande bannière d'Écosse.

Lorsque le roi vit ses propres enseignes déployées contre lui, il jugea que son fils devait être dans les rangs ennemis, et son courage, qui n'était jamais très-grand, commença à l'abandonner; car il se rappela la prophétie, qu'il mourrait de la main de son plus proche parent; et aussi ce que lui avait dit l'astrologue, qu'un lion d'Écosse serait étranglé par son lionceau. Ces craintes pusillanimes s'emparèrent tellement de l'esprit de Jacques, que tous ceux qui l'entouraient s'aperçurent de son trouble et le conjurèrent de se retirer. Mais dans ce moment la bataille s'engagea.

Les Homes et les Hepburns attaquèrent l'avant-garde de l'armée royale; mais ils furent repoussés par les flèches des montagnards. Alors les habitans de Liddesdale et d'Annandale, qui portaient des lances plus longues que toutes celles dont on faisait usage dans les autres parties de l'Écosse, chargèrent avec des cris sauvages et furieux (ce qu'ils appelaient leur *Slogan*), et culbutèrent les troupes royales qui leur étaient opposées.

Au milieu d'un bruit et d'un tumulte auquel il était si peu accoutumé, Jacques perdit le peu de présence d'esprit qui lui restait, et tournant le dos il s'enfuit vers Stirling. Mais il était hors d'état de conduire le cheval gris que lord Lindsay lui avait donné, et qui, prenant le mors aux dents, descendit au grand galop dans un petit hameau où se trouvait un moulin nommé Beaton's Mill. Une femme en sortait pour puiser de l'eau à l'écluse du moulin; mais effrayée en voyant un homme armé de pied en cap accourir à toute bride, elle posa sa cruche à terre et s'enfuit dans la maison. La vue de cette cruche effraya tellement le cheval du roi, qu'il fit un écart au moment de sauter le ruisseau, et que Jacques, vidant les arçons, tomba sur la terre, où la violence de sa chute et le poids de son armure le firent rester sans mouvement. Les gens du moulin accoururent, le transportèrent dans la maison et le mirent au lit. Lorsqu'il revint à lui, il pria ses hôtes de lui procurer un prêtre. La femme du meunier lui demanda qui il était, et il répondit imprudemment : « Ce matin j'étais votre roi. » Avec une égale imprudence, la pauvre femme courut à la porte, et demanda à grands cris un prêtre pour confesser le roi. — « Je suis prêtre, » dit un inconnu qui venait d'arriver, « conduisez-moi auprès du

MEURTRE DE JACQUES III. 75

roi. » Lorsqu'il arriva au pied du lit, il s'agenouilla avec une apparente humilité, et demanda à Jacques s'il était blessé mortellement. Le roi lui répondit que ses blessures ne seraient pas mortelles si elles étaient pansées avec soin, mais qu'avant tout il désirait être confessé et recevoir d'un ecclésiastique le pardon de ses péchés, d'après l'usage de l'église catholique.

— « Voilà qui te donnera l'absolution! » répondit l'assassin; et tirant un poignard, il en porta quatre ou cinq coups au roi à l'endroit du cœur. Alors prenant le corps sur son dos, il sortit sans que personne s'y opposât, et l'on ignore ce qu'il fit du cadavre.

On ne découvrit jamais qui était ce meurtrier, ni s'il était prêtre ou non; seulement on avait observé que trois personnes poursuivaient le roi de très-près : lord Gray, Stirling de Keir et un prêtre nommé Borthwick; et on supposa que l'un d'eux avait commis cet assassinat. Il est assez remarquable que ce Gray était le fils de sir Patrick qui avait aidé Jacques II à se défaire du comte de Douglas dans le château de Stirling. Ce serait une coïncidence singulière, si le fils d'un homme qui avait pris une part aussi active à la mort de Douglas avait été l'assassin du fils de Jacques II.

La bataille ne dura pas long-temps après la fuite du roi; les troupes royales se retirèrent vers Stirling, et les vainqueurs retournèrent dans leur camp. Cette bataille fut livrée le 18 juin 1488.

Ainsi mourut le roi Jacques III, prince pusillanime

et inconsidéré, quoique, en exceptant le meurtre de son frère le comte de Mar, son caractère eût été plutôt celui d'un homme faible et avare que celui d'un roi criminel et sanguinaire. Son goût pour les beaux arts aurait été convenable dans un particulier; mais il le portait à un point qui lui faisait négliger ses devoirs comme souverain. Il mourut, comme presque tous les princes de sa famille, à la fleur de l'âge; il n'avait que trente-six ans.

## CHAPITRE XX.

RÈGNE DE JACQUES IV. — EXPLOITS SUR MER DE SIR ANDRÉ WOOD. — PROCÈS DE LORD LINDSAY DES BYRES. — INVASION DES ÉCOSSAIS EN ANGLETERRE, EN FAVEUR DE PERKIN WARBECK. — TRAITÉ AVEC L'ANGLETERRE, ET MARIAGE DE JACQUES AVEC MARGUERITE, FILLE DE HENRY VII.

La triste fin de Jacques III ne fut pas connue sur-le-champ. Il avait protégé constamment la marine de ses états, et, lors de la grande révolte dans laquelle il périt, un brave officier de mer, sir André Wood de Largo, avait pris le parti du roi, et était venu se mettre en rade dans le Forth, à peu de distance de la côte où se donnait la bataille. Il avait envoyé ses chaloupes à bord, elles avaient ramené plusieurs blessés du parti de Jacques, et l'on supposait que le roi lui-même était peut-être du nombre.

Pour éclaircir ce point important, les lords envoyèrent dire à sir André Wood de venir à terre, et de comparaître devant leur conseil. Wood y consentit, à condition que deux seigneurs de distinction, les lords Seton et Fleming, se rendraient sur son bord, et y resteraient en ôtages jusqu'à son retour.

Le brave marin se présenta devant le conseil et devant le jeune roi dans la ville de Leith. Dès que le prince aperçut sir André, qui était un homme de bonne mine, et qui portait un bel uniforme, il alla droit à lui, et lui dit : — Monsieur, êtes-vous mon père ?

— Je ne suis pas votre père, répondit Wood les larmes aux yeux ; mais je l'ai servi fidèlement tant qu'il a vécu, et je servirai de même l'autorité légitime, jusqu'au jour de ma mort.

Les lords lui demandèrent alors quels étaient les hommes qui étaient venus de ses vaisseaux, et qui y étaient retournés le jour de la bataille de Sauchie.

— C'étaient mon frère et moi, dit sir André d'un ton intrépide, qui aurions voulu verser tout notre sang pour la défense du roi.

Ils lui demandèrent alors formellement si le roi était à bord de ses vaisseaux. — Il n'y est point, répondit sir

André avec la même fermeté. Je voudrais qu'il y fût venu; j'aurais pris soin de le protéger contre les traîtres qui l'ont assassiné, et que j'espère voir pendus comme ils le méritent.

C'étaient des réponses un peu crues; mais les lords furent obligés de les endurer sans chercher à l'en punir, dans la crainte que son équipage n'usât de représailles sur Fleming et sur Seton. Mais dès que sir André fut retourné à bord de son vaisseau, ils firent venir les meilleurs officiers de marine de la ville de Leith, et leur offrirent de grandes récompenses s'ils voulaient attaquer sir André Wood et ses deux navires, le faire prisonnier, et l'amener devant le conseil pour qu'il eût à répondre de sa conduite insolente à leur égard. Le capitaine Barton, le plus brave de ces marins, répondit à cette proposition en leur déclarant que quoique sir André n'eût que deux bâtimens, ils étaient si bien armés et si bien équipés, et lui-même avait tant de courage et d'expérience, qu'il serait impossible de trouver en Écosse deux vaisseaux qu'on pût lui opposer.

Sir André Wood fut par la suite en grande faveur auprès de Jacques IV, et il en était digne par ses exploits. En 1490, une escadre de cinq bâtimens anglais entra dans le Forth, et pilla quelques vaisseaux marchands écossais. Sir André courut sur eux avec ses deux navires, les prit tous les cinq, et emmenant les capitaines et les équipages prisonniers, il les présenta au roi à Leith. Henry VII fut si furieux de cette défaite, qu'il fit équiper trois grands vaisseaux, tout exprès pour prendre sir André Wood, et il en confia le commandement à un vaillant capitaine de marine, nommé Stephen Bull. La rencontre eut lieu près de l'embouchure du détroit; des deux côtés on se battit avec la plus grande bravoure, et toute l'attention se portait si exclusivement sur le combat, que la marée entraîna les vaisseaux, presque sans que les commandans s'en aperçussent, et que l'action, qui avait commencé à la hauteur du promontoire de Saint-Abb, finit dans le golfe de Tay. A la fin Stephen Bull fut pris avec ses trois vaisseaux. Sir André présenta de nouveau les prisonniers au roi, qui les renvoya en Angleterre en les chargeant de dire à Henry VII que les Écossais savaient se battre sur mer aussi bien que sur terre.

Mais revenons aux lords qui avaient remporté la victoire à Sauchie. Ils prirent une résolution qui semble d'une insigne effronterie. Ils résolurent de mettre en jugement les principaux chefs qui avaient embrassé le parti du feu roi, dans les derniers troubles, comme si c'eût été un crime de trahison envers Jacques IV, qui cependant n'était ni ne pouvait être roi qu'après la mort de son père. Ils se décidèrent à commencer par lord David Lindsay des Byres, brave militaire, mais du reste homme borné et sans aucuns moyens; de sorte qu'ils pensèrent qu'il leur serait facile de l'amener à se remettre à la discrétion du roi, auquel cas ils se proposaient de lui infliger une forte amende, ou peut-être même de confisquer une partie de ses biens. Ils espéraient que cet exemple en déciderait d'autres à faire le même acte de soumission ; et de cette manière les conspirateurs espéraient s'enrichir aux dépens de ceux qui avaient été leurs ennemis.

Ce fut le 10 mai 1489 que lord David Lindsay fut cité devant le parlement, siégeant alors à Édimbourg, pour se défendre contre une accusation de trahison, qui portait : — Qu'il était venu armé à Sauchie avec le père du roi contre sa majesté elle-même, et qu'il avait donné une épée et un bon cheval au père du roi, lui conseillant d'exterminer sa très-gracieuse majesté ici présente.

Lord Lindsay n'entendait rien aux formes de la justice, mais se voyant sommé à plusieurs reprises de répondre à cette accusation, il se leva brusquement, et dit aux nobles membres que c'étaient eux qui étaient tous des traîtres et des scélérats, et qu'il le leur prouverait l'épée à la main. — Le feu roi, s'écria-t-il, avait été cruellement assassiné par d'infames coquins qui s'étaient fait accompagner du prince pour colorer leur entreprise. Et voyez-vous, Votre Grace, dit le vieux lord sans se laisser déconcerter, et en s'adressant personnel'ement au roi, si votre père vivait encore, je me battrais pour lui jusqu'à la mort, et tous ces vils pendards ne m'intimideraient pas. De même que si Votre Grace avait un fils qui prît les armes contre son père, je prendrais votre parti contre ses adhérens, et je soutiendrais votre cause, fussent-ils six contre trois. Croyez-moi, malgré la mauvaise opinion qu'ils cherchent à vous faire concevoir sur mon compte, Votre Grace reconnaîtra plus tard qu'elle a en moi un serviteur plus fidèle que tous ces gens-là.

Le lord chancelier, qui sentit la force de ces paroles, chercha à en détourner l'effet en disant au roi que lord Lindsay était un vieux gentilhomme, peu au fait des formes de la justice, sans aucun usage, et qui ne savait pas qu'il devait parler avec plus de respect en présence de Sa Grace. — Mais, ajouta-t-il, il se mettra à la discrétion de Sa Grace, et elle ne voudra point montrer trop de sévérité à son égard. Puis se tournant vers lord David, il lui dit : — Le mieux est de vous remettre à la discrétion du roi, qui sera indulgent, n'en doutez pas.

Il faut que vous sachiez que lord David avait un frère nommé Patrick Lindsay, qui était aussi bon jurisconsulte que lord Lindsay était bon militaire. Les deux frères étaient brouillés depuis long-temps; mais lorsque M. Patrick vit où le chancelier en voulait venir avec ses conseils insidieux, il marcha sur le pied de son frère aîné pour lui faire entendre qu'il ne devait pas suivre l'avis qui lui était donné, ni se mettre à la discrétion du roi, ce qui, par le fait, serait s'avouer coupable. Lord David n'était rien moins qu'en état de comprendre à demi-mot, et cet avertissement tacite fut tout-à-fait perdu pour lui. Dans sa simplicité, il n'y vit qu'une insulte, et comme il se trouvait avoir mal au pied, et que son frère en le pressant lui avait causé une vive douleur, il se retourna brusquement vers lui, et s'écria en lui jetant un regard courroucé : — Tu es bien hardi de me marcher ainsi sur le pied ; sans la présence du roi, je te donnerais un bon coup sur la figure.

Mais M. Patrick, sans faire attention au ressentiment de lord David, tomba à genoux devant les nobles assemblés, et supplia qu'on lui permît de plaider la cause de son frère. — Car, dit-il, je vois qu'aucun homme de loi n'osera prendre sa défense, de peur d'encourir le mécontentement du roi ; et, milords, quoique mon frère et moi nous ne soyons pas bien ensemble depuis nombre d'années, cependant je ne puis voir la branche aînée de la famille d'où je suis descendu, périr faute de secours, sans faire tous mes efforts pour la sauver.

Le roi ayant permis à M. Patrick Lindsay de prendre la parole en faveur de son frère, il commença par demander s'il était convenable que le roi jugeât lui-même une cause dans laquelle il était personnellement intéressé. — C'est ce qui ne s'est jamais vu, dit M. Patrick ; il ne peut être tout à la fois juge et partie. Ainsi donc nous le requérons, au nom de Dieu, de se lever et de quitter la cour, jusqu'à ce que la question ait été résolue, et le jugement prononcé. — Le chancelier et les lords, s'étant consultés, trouvèrent que cette demande était raisonnable ; et le jeune roi fut obligé de se retirer dans une autre salle, ce qu'il regarda comme une espèce d'affront public dont il conserva un vif ressentiment.

M. Patrick chercha ensuite à se concilier la faveur

de ses juges, en les suppliant de dépouiller toute prévention, et de juger avec impartialité, et comme ils voudraient être jugés eux-mêmes, s'ils étaient dans le malheur et que leur partie adverse fût au comble du pouvoir.

— Parlez, et répondez à l'accusation, dit le chancelier. Justice vous sera rendue.

Alors M. Patrick, abordant la question sous le point de vue légal, dit que l'assignation portait que lord Lindsay devait comparaître dans les quarante jours qui suivraient la remise qui lui en aurait été faite; que ces quarante jours étaient alors expirés, et qu'il ne pouvait plus être légalement forcé de répondre à l'accusation avant d'être assigné de nouveau.

Le texte de la loi était formel; il n'y avait rien à répondre. Lord David Lindsay et les autres accusés furent donc renvoyés provisoirement, et jamais les poursuites ne furent reprises contre eux.

Lord David, qui avait écouté la défense sans y rien comprendre, fut si charmé du résultat inattendu de l'éloquence de son frère, qu'entraîné par l'excès de son ravissement et de sa reconnaissance, il s'écria en lui serrant la main : — Corbleu, frère, vous avez parlé comme une pie! où diable avez-vous été pêcher toutes ces belles paroles? Par sainte Marie, je ne vous aurais jamais cru capable d'en dire autant. Vous n'aurez pas perdu votre peine, je vous en réponds, et vous aurez mon domaine de Kirk pour salaire.

Le roi, de son côté, menaça M. Patrick d'une récompense d'un tout autre genre, en lui disant qu'il le mettrait dans un lieu où il ne pourrait voir ses pieds de douze mois, et il tint parole. M. Patrick fut envoyé dans le donjon du château de Rothsay, dans l'île de Bute, où il resta renfermé pendant un an.

Il est assez singulier que l'autorité du roi fût si restreinte sous un rapport, et sous un autre si illimitée. Car il paraît qu'il fut obligé de se soumettre aux remontrances de Patrick Lindsay, et de descendre du siège de la justice, lorsqu'il fut récusé comme partie intéressée; tandis que, d'un autre côté, il avait le droit, ou du moins le pouvoir de faire subir à l'avocat récalcitrant une captivité longue et douloureuse, parce qu'il avait rempli son devoir envers son client.

Jacques IV n'était pas depuis long-temps sur le trône, que ses propres réflexions et les remontrances de quelques membres du clergé lui firent sentir que sa présence au milieu des lords révoltés contre son père avait été une action très-coupable. Ni son extrême jeunesse, ni les pièges qui lui avaient été tendus par les lords pour s'assurer de sa personne, ne lui parurent une excuse suffisante pour avoir trempé, en quelque sorte, dans la mort de son père en prenant les armes contre lui. Il se repentit amèrement de ce crime, et, d'après les doctrines de la religion catholique, il s'efforça de l'expier par différens actes de pénitence. Entre autres gages de repentir, il fit faire une ceinture en fer qu'il portait constamment sous ses habits; tous les ans il y ajoutait un chaînon du poids d'une once ou deux, comme pour montrer que, loin de se relâcher dans ses pratiques expiatoires, il voulait au contraire redoubler d'efforts jusqu'à la fin de sa vie, pour réparer une aussi funeste erreur (1).

Ce fut peut-être par suite de ces sentimens de componction que le roi, non-seulement pardonna à tous ceux d'entre les nobles qui avaient pris la défense de son père, et fit cesser toutes les poursuites contre lord Lindsay et d'autres seigneurs, mais fit même tout son possible pour se concilier leur affection sans s'exposer à perdre celle du parti contraire. Les richesses de son père lui permettaient de combler de biens les chefs des deux partis, et de tenir en même temps une cour plus brillante qu'aucun de ses prédécesseurs. Adroit dans tous les exercices qui exigeaient de la force ou de l'adresse, il les encourageait dans les autres, et, non content d'honorer de sa présence les joûtes et les tournois, il y prenait souvent part lui-même. Revêtu d'une autorité plus grande qu'aucun des rois qui eût régné depuis Jacques I<sup>er</sup>, il l'employait à rendre la justice, et à étendre sa protection à toutes les classes de ses sujets; aussi était-il l'objet de l'amour et de la vénération du peuple. Sous son règne l'Écosse jouit d'un degré de prospérité qu'elle n'avait jamais connu. Son commerce prit quelques développemens à l'intérieur, et grace aux succès de sir André Wood, et au zèle du roi pour la

(1) C'est le roi Jacques de *Marmion*, et cette ceinture ou ceinturon de fer est mentionné dans le poëme. — Éd.

construction des vaisseaux, elle prit un rang respectable, comme puissance maritime.

La longue durée de la paix ou plutôt de la trêve avec les Anglais, contribua beaucoup à lui assurer ces avantages. Henry VII était monté sur le trône après une longue suite de discordes civiles, et comme il était lui-même un prince sage et prudent, il voulait réparer, par un long intervalle de repos et de tranquillité, les grands désastres que les guerres d'York et de Lancastre avaient fait souffrir à l'Angleterre. Il était d'autant plus disposé à rester en paix avec l'Écosse, que ses droits mêmes à la couronne d'Angleterre étaient vivement contestés, et qu'il en résulta plus d'une émeute et plus d'une invasion qui lui causèrent de grandes inquiétudes.

Dans la plus mémorable de ces contestations, l'Écosse prit un moment part à la querelle. Un certain personnage qui prétendait être le second fils d'Édouard IV, qu'on croyait avoir été assassiné dans la Tour de Londres, éleva des prétentions à la couronne portée par Henry VII. A entendre les partisans de Henry, ce prétendu prince était un Flamand de basse naissance, nommé Perkin Warbeck (1) à qui la duchesse de Bourgogne avait appris le rôle qu'il jouait alors. Peut-être n'est-il pas même encore bien certain à présent s'il était celui pour qui il se donnait, ou si c'était un imposteur. En 1496, il vint en Écosse à la tête d'un cortège brillant d'étrangers, et accompagné d'environ quinze cents hommes. Il fit les

(1) Il existe un roman historique intitulé : *Perkin Warbeck* par M. Dorion, 3 vol. in-12. — Éd.

plus belles offres à Jacques IV, s'il voulait l'aider à soutenir ses prétentions. Il ne paraît pas que Jacques conçût le moindre doute sur les droits de l'aventurier au titre qu'il prenait; il le reçut avec honneur et distinction, lui donna la main de lady Catherine Gordon, fille du comte de Huntly, la plus belle femme d'Écosse, et se disposa à lui prêter main-forte pour l'aider à monter sur le trône d'Angleterre.

Jacques entra en effet dans le Northumberland, et invita les habitans de cette contrée guerrière à venir se ranger sous la bannière du prince supposé. Mais les Northumbriens ne tinrent aucun compte de cette invitation, et lorsque l'aventurier conjura le monarque écossais d'épargner le pays, Jacques lui répondit en ricanant qu'il était bien bon d'intercéder pour un peuple qui ne semblait nullement disposé à le reconnaître. En 1497, les Anglais se vengèrent de cette incursion en se jetant sur le comté de Berwick, où ils prirent un petit château nommé Ayton. Les hostilités se bornèrent là de part et d'autre, Jacques ayant abandonné la cause de Perkin Warbeck, parce qu'il avait reconnu ou qu'il n'avait aucun droit au trône, ou qu'il ne possédait pas l'affection d'un parti assez considérable pour pouvoir soutenir ses prétentions. Ayant perdu l'appui de Jacques, l'aventurier voulut tenter de Cornouailles une invasion en Angleterre ; mais il fut fait prisonnier, et excuté à Tyburn. Sa femme, qui l'avait fidèlement suivi dans tous ses malheurs, tomba au pouvoir de Henry VII, qui lui assigna une pension et la mit sous la protection de la reine. Sa grace et sa beauté lui avaient fait donner le surnom de Rose Blanche d'Écosse.

A cette courte guerre succéda une trêve de sept ans, et Henry chercha dans sa sagesse à convertir cette trêve en une paix solide et durable qui unît, du moins pour long-temps, deux nations dont l'intérêt mutuel était d'être alliées, quoique des circonstances déplorables les eussent divisées jusqu'alors. Le sujet de l'animosité invétérée qui régnait entre l'Angleterre et l'Écosse était cette malheureuse prétention à la suprématie élevée par Édouard I$^{er}$, et soutenue opiniâtrément par tous ses successeurs. C'était un droit que l'Angleterre ne voulait pas abandonner, et que l'Écosse avait prouvé, par tant d'exemples d'une résistance héroïque, qu'elle ne reconnaîtrait jamais. Depuis plus de cent ans il n'y avait pas eu de traité de paix entre l'Angleterre et l'Écosse, si l'on en excepte celui de Northampton qui dura si peu. Pendant cette longue période, les deux nations, ou s'étaient livré des guerres acharnées, ou n'avaient déposé momentanément les armes que sous la protection de trèves courtes et douteuses.

Henry VII s'efforça de trouver un remède à de si grands maux, en essayant ce qu'une influence douce et amicale pourrait produire là où tout ce que la force a de plus énergique avait été employé sans effet. Il négocia le mariage de sa fille Marguerite, princesse accomplie, avec Jacques IV. Il offrit de lui donner une superbe dot, et c'était cette alliance qui devait servir de base à une ligue intime, à une amitié sincère entre

8.

l'Angleterre et l'Écosse, les deux rois s'engageant à se prêter mutuellement aide et assistance contre tout le reste de l'univers. Malheureusement pour les deux pays, mais surtout pour l'Écosse, cette paix, qui devait être éternelle, ne dura que dix ans. Néanmoins la sage politique de Henry VII porta ses fruits cent ans après, et par suite du mariage de Jacques IV et de la princesse Marguerite, un terme fut mis à toutes les guerres entre les deux nations, leur arrière-petit-fils, Jacques VI d'Écosse et I<sup>er</sup> d'Angleterre, étant devenu roi de toute l'île de la Grande-Bretagne.

Le droit de suprématie, réclamé par l'Angleterre, n'est pas mentionné dans le traité qui fut signé le 4 janvier 1502; mais comme les monarques traitèrent ensemble sur le pied d'une parfaite égalité, on doit regarder cette prétention qui avait coûté tant de flots de sang aux deux peuples, comme ayant été par le fait abandonnée.

Ce mariage important fut célébré avec une grande pompe. Le comte de Surrey, noble seigneur anglais, fut chargé de conduire la princesse Marguerite dans son nouveau royaume d'Écosse. Le roi vint au-devant d'elle à l'abbaye de Newbattle, à six milles d'Édimbourg. Il avait une jaquette élégante de velours cramoisi, bordée de drap d'or, et son leurre, instrument dont se servent les fauconniers, était suspendu sur son dos. Il était d'une force et d'une agilité remarquables, sautant sur son cheval sans mettre le pied dans l'étrier; et courant toujours au grand galop, le suivait qui pouvait.

Lorsqu'il fut sur le point d'entrer dans Édimbourg avec sa nouvelle épouse, il désira qu'elle montât en croupe derrière lui, et il fit d'abord monter un gentilhomme de sa suite pour voir si son cheval consentirait à porter double charge. Mais comme le superbe et bouillant animal n'avait pas été dressé à cet effet, le roi jugea plus prudent de monter lui-même sur le palefroi de Marguerite, qui était beaucoup plus tranquille, et ils firent ainsi leur entrée solennelle dans la ville d'Édimbourg, à deux sur le même cheval, comme vous voyez aujourd'hui un bon fermier et sa femme se rendre à l'église.

On avait fait de grands apprêts pour les recevoir, et tous dans le goût chevaleresque du siècle. Ainsi ils trouvèrent sur leur chemin une tente toute dressée, d'où sortit un chevalier armé de toutes pièces, avec une dame qui portait son cor de chasse. Puis parut tout à coup un autre chevalier qui enleva la dame. Alors le premier chevalier courut après lui et le défia au combat. Aussitôt ils tirèrent tous deux l'épée, et se battirent pour l'amusement du roi et de la reine jusqu'à ce que l'un d'eux eût fait sauter l'épée des mains de son adversaire, après quoi le roi donna ordre de cesser le combat. Dans ces représentations, tout était simulé, à l'exception des coups, qui n'étaient que trop sérieux. Il y eut beaucoup d'autres spectacles militaires, et surtout des joûtes et des tournois. Jacques, sous le nom du Chevalier Sauvage, parut dans un costume approprié au nom qu'il avait pris, accompagné des Chefs farouches des frontières et des Highlands, qui se battirent entre eux avec un tel acharnement que plusieurs furent blessés et même tués dans ces jeux sanguinaires. On dit que le roi ne fut pas très-fâché de se voir ainsi délivré de ces Chefs turbulens dont les révoltes et les déprédations troublaient si souvent la tranquillité publique.

Les réjouissances qui eurent lieu à l'occasion du mariage de la reine, et du reste toutes les fêtes données sous le règne du roi Jacques, ainsi que le luxe qui régnait à sa cour, prouvent qu'à cette époque les Écossais étaient plus riches qu'ils ne l'avaient jamais été, et qu'ils avaient fait aussi de grands progrès dans la civilisation. On ne parlait dans les autres pays que de la splendeur de sa cour, et de l'accueil honorable qu'il faisait aux étrangers qui visitaient son royaume. Nous verrons dans le prochain chapitre qu'il ne s'occupait pas seulement de fêtes et de plaisirs, mais qu'il fit aussi de sages lois pour le bien de son royaume.

# CHAPITRE XXI.

AMÉLIORATIONS DES LOIS ÉCOSSAISES. — DIFFÉRENDS DE L'ANGLETERRE ET DE L'ÉCOSSE. — INVASION EN ANGLETERRE. — BATAILLE DE FLODDEN, ET MORT DE JACQUES IV.

Pendant la période de tranquillité qui suivit le mariage de Jacques et de Marguerite, nous voyons que le roi, de concert avec son parlement, rendit beaucoup de bonnes lois dans l'intérêt du pays. Son attention se porta principalement sur les Iles et les Highlands, parce que, était-il dit dans un des actes du parlement, ils étaient devenus presque sauvages, faute de juges et de sheriffs (1). Des magistrats furent donc nommés, et un

(1) Notes de la *Dame du Lac*. — Éd

code de lois rédigé pour ces provinces remuantes et presque indomptables.

Un autre acte important du parlement permit au roi, à ses nobles et à ses barons, de louer leurs terres, non-seulement à charge de service militaire, mais pour une redevance en argent ou en grain; ce qui tendait à substituer insensiblement des fermiers paisibles et laborieux aux tenanciers-soldats, qui laissaient les champs sans culture. Des ordonnances réglèrent aussi la manière dont les différentes classes de la société seraient représentées au parlement, et dont les membres de l'assemblée se réuniraient. Enfin, les propriétaires furent invités à faire des plantations, des enclos, des étangs, et d'autres améliorations semblables.

Tous ces réglemens montrent que le roi voulait sincèrement le bonheur de son peuple, et qu'il avait des vues justes et libérales sur les moyens de l'assurer. Mais la pauvre Écosse était destinée à ne jamais rester long-temps dans un état de paix et de tranquillité, et sur la fin du règne de Jacques, il survint des événemens qui amenèrent une défaite encore plus désastreuse qu'aucune de celles que le royaume eût jamais éprouvées.

Tant que Henry VII, le beau-père de Jacques, continua de régner, il eut grand soin d'entretenir les relations amicales qui existaient entre les deux pays, et d'amortir tous les petits sujets de querelle qui s'élevaient de temps en temps. Mais à la mort de ce sage et prudent monarque, son fils Henry VIII monta sur le trône. C'était un prince fier, hautain, irascible, qui ne pouvait souffrir la plus légère contradiction, et qui, loin d'être disposé à faire aucune concession pour maintenir la paix, semblait au contraire ne respirer que les combats. Jacques IV et lui se ressemblaient peut-être trop par le caractère, pour pouvoir rester long-temps amis.

Les inclinations guerrières de Henry le portèrent d'abord à préparer une expédition contre la France, et le roi de France, de son côté, désira beaucoup renouer l'ancienne alliance avec l'Écosse, dans l'espoir que Henry, redoutant une invasion de la part des Écossais, renoncerait au projet qu'il avait formé de l'attaquer. Il savait que la splendeur dans laquelle vivait le roi Jacques avait épuisé les trésors que son père avait amassés, et il en conclut que le meilleur moyen de s'en faire un ami, était de lui fournir des sommes d'argent, qu'il n'aurait pu lever autrement. L'or fut aussi prodigué généreusement aux conseillers et aux favoris de Jacques. Cette libéralité fit d'autant plus d'effet qu'elle contrastait avec la conduite bien opposée du roi d'Angleterre, qui différait même de restituer un legs fait par son père à la reine d'Écosse, sa sœur.

D'autres circonstances d'une nature différente contribuèrent à troubler la bonne intelligence entre l'Écosse et l'Angleterre. Jacques avait donné un grand soin à la marine de son royaume, et l'Écosse, favorisée par sa position, ayant une grande étendue de côtes, et des havres nombreux, faisait alors un commerce considérable. La marine royale, sans parler d'un beau bâtiment appelé *le Grand-Michel*, qui passait pour le plus grand qu'il y eût au monde, consistait, dit-on, en seize vaisseaux de guerre. Vous voyez que, grace aux soins du roi, elle était dans un état très-florissant.

Un vaisseau appartenant à John Barton, marin écossais, avait été pillé par les Portugais ; cette capture remontait déjà à l'année 1476. Le roi de Portugal ayant refusé de lui faire satisfaction, Jacques accorda à la famille de Barton des lettres de représailles, c'est-à-dire un mandat qui les autorisait à prendre tous les bâtimens portugais qu'ils pourraient rencontrer, jusqu'à ce qu'ils fussent indemnisés de leur perte. Ils étaient trois frères, tous trois pleins de résolution ; mais surtout l'aîné, qui s'appelait André Barton. Il équipa deux vaisseaux dont le plus grand s'appelait *le Lion*, et l'autre *la Jenny Pirwen*, et il se mit à croiser dans la Manche, arrêtant non-seulement les navires portugais, mais même tous les bâtimens anglais qui se rendaient en Portugal.

Des plaintes furent portées auprès du roi Henri, qui fit équiper deux vaisseaux qu'il remplit d'hommes d'élite, et dont il confia le commandement à lord Thomas Howard et à sir Édouard Howard, tous deux fils du comte Surrey. Guidés par le capitaine d'un bâtiment marchand que Barton avait pillé la veille, ils le trouvèrent croisant avec ses vaisseaux dans les dunes. En approchant de l'ennemi, au lieu d'arborer un pavillon de guerre, les deux frères mirent une branche de saule à leur mât, emblème d'un vaisseau de commerce. Mais lorsque l'Écossais voulut les forcer à amener, ils déployèrent leurs étendards et banderolles, et lâchèrent une bordée de toute leur artillerie.

Barton reconnut alors qu'il avait affaire à des vaisseaux de guerre anglais. Mais loin de se laisser abattre, il soutint hardiment l'attaque, et monté sur le gaillard d'arrière, il encourageait sa troupe par ses paroles et par son exemple. On le reconnaissait à la richesse de ses vêtemens, à l'éclat de son armure, ainsi qu'au sifflet d'or qu'il portait autour du cou, et qui était suspendu à une chaîne de même métal. Le combat fut acharné. Si nous en croyons une ballade du temps, Barton avait sur son vaisseau une machine particulière, à l'aide de laquelle des poutres ou d'autres poids énormes, suspendus au bout des vergues, étaient lancés sur l'ennemi lorsqu'il venait bord à bord. Pour l'employer, il fallait que quelqu'un montât sur le grand mât. Comme les Anglais appréhendaient beaucoup l'effet de cette manœuvre, Howard avait placé en faction Hustler, du comté d'York, le meilleur archer de sa troupe, avec la stricte injonction de tirer sur quiconque essaierait de monter au mât pour mettre en jeu la fatale machine. Deux hommes furent tués successivement en voulant le tenter, et André Barton, se fiant à la bonté de son armure, se mit à monter à son tour.

Dès qu'il l'aperçut, lord Thomas Howard cria à l'archer de viser juste, qu'il y allait de sa vie. — Dussé-je en mourir, dit Hustler, il ne me reste que deux flèches.

La première qu'il lança rebondit sur l'armure de Barton sans le blesser. Mais le marin écossais ayant levé le bras pour grimper plus haut, l'archer visa à l'endroit où l'armure ne le protégeait pas, et il le blessa mortellement sous l'aisselle droite.

— Continuez à bien vous battre, mes braves camarades, dit Barton en descendant du mât. Je suis blessé, mais je ne suis pas mort ; je vais seulement me reposer un moment, et alors je remonterai de plus belle. En attendant, serrez-vous et combattez vaillamment autour de la croix de saint André, voulant dire le pavillon écossais. Tant qu'il lui resta un souffle de vie, il encouragea sa troupe avec son sifflet. Mais enfin le sifflet ne se fit plus entendre, et les Howards, étant montés à l'abordage, trouvèrent leur vaillant ennemi étendu mort sur le tillac. Ils conduisirent *le Lion* dans la Tamise, et il est assez remarquable que le navire de Barton devint le second vaisseau de guerre de la marine anglaise Jusque-là, lorsqu'un roi voulait équiper une flotte, il louait ou prenait de force des bâtimens marchands, à bord desquels il mettait des soldats. *Le Grand Henri* fut le premier vaisseau qui appartint au roi en toute propriété ; *le Lion* fut le second.

Jacques IV, vivement offensé de cette insulte faite, disait-il, au pavillon d'Écosse, envoya un héraut demander satisfaction. Le roi d'Angleterre justifia sa conduite en disant que Barton était un pirate ; allégation que Jacques ne pouvait repousser avec justice ; mais il n'en conserva pas moins un vif ressentiment contre son beau-frère. Un autre événement vint l'aggraver encore.

Lorsque Henry VII était sur le trône, sir Robert Ker de Fairnyherst, chef d'une branche du clan de Ker, officier de la maison de Jacques, et favori de ce monarque, remplissait les fonctions de lord Gardien dans les marches du centre. La sévérité extraordinaire qu'il y déploya lui attira la haine de quelques-uns des habitans les plus turbulens des provinces anglaises limitrophes, qui résolurent de l'assassiner. Trois d'entre eux, Heron surnommé le Bâtard, parce qu'il était frère naturel de Heron de Ford, Starhed et Lilburn entourèrent le lord Gardien écossais, dans une entrevue qu'ils eurent avec lui un jour de trêve, et le tuèrent à coups de lance. Henry VII, fidèle au système tout pacifique qu'il avait adopté à l'égard de l'Écosse, promit de livrer les coupables. Lilburn fut en effet remis entre les mains du roi Jacques, et il mourut en prison. Starhed parvint à s'échapper, et à se cacher dans l'intérieur de l'Angleterre; Heron-le-Bâtard fit répandre le bruit qu'il était mort de la peste, et se faisant porter dans un corbillard, il passa au milieu du détachement envoyé pour l'arrêter, sans que personne soupçonnât la ruse, et se tint caché près des frontières, attendant qu'il éclatât quelque querelle entre les deux royaumes. Henry VII, ayant à cœur de satisfaire Jacques, fit arrêter Heron de Ford, et le lui livra à la place du Bâtard.

Mais lorsque tout annonça une rupture prochaine entre Jacques et Henry VIII, Heron-le-Bâtard et Starhed commencèrent à reparaître et à se montrer plus ouvertement. Justice fut bientôt faite de Starhed : deux partisans de sir André, appelé communément Dand Ker, le fils du sir Robert qui avait été assassiné, se chargèrent du soin de la vengeance. Ils surprirent le meurtrier, le mirent à mort, et apportèrent sa tête en triomphe à sir André, qui la fit exposer publiquement à la Croix d'Edimbourg. Mais Heron-le-Bâtard continua à rôder le long des frontières, et Jacques IV se plaignit amèrement que ce criminel osât reparaître, ce dont peut-être il n'était pas juste d'accuser personnellement Henry VIII.

Tandis que Jacques était ainsi en mésintelligence avec son beau-frère, la France ne négligeait rien pour s'attacher l'Écosse. De grandes sommes d'argent furent envoyées pour gagner les courtisans en qui Jacques avait le plus de confiance. La reine de France, jeune princesse d'une grande beauté, flatta le goût de Jacques pour la galanterie en se donnant elle-même le nom de sa maîtresse, en le nommant son chevalier et en le conjurant de faire trois milles sur le territoire anglais par amour pour elle. Elle lui envoya en même temps une bague qu'elle avait ôtée de son propre doigt. Son intercession fut si puissante, que Jacques ne crut pouvoir en honneur se dispenser d'accéder à sa prière, et cet esprit bizarre de chevalerie causa sa ruine, et, à bien peu de chose près, celle du royaume (1).

Ce fut au mois de juin ou de juillet 1513 que

(1) *Marmion*, ch. IV. — Éd.

Henry VIII débarqua en France à la tête d'une vaillante armée, et qu'il alla faire le siège de Therouenne. Jacques IV fit alors un pas décisif : il envoya son premier héraut au camp du roi Henri devant Therouenne, le sommant en termes hautains de s'abstenir de toute agression contre le roi de France, son allié, et lui reprochant en même temps la mort de Barton, l'impunité de Heron-le-Bâtard et tous les sujets de querelle qui s'étaient élevés depuis la mort de Henry VII. Henry VIII regarda ce message comme une déclaration de guerre; il y répondit avec non moins de hauteur. — Ce n'est pas à un roi d'Écosse, dit-il, qu'il appartient de jouer le rôle de médiateur entre l'Angleterre et la France. Le héraut écossais revint avec cette réponse; mais lorsqu'il arriva, son maître n'existait plus.

Jacques n'avait pas attendu le retour de son envoyé pour commencer les hostilités. Lord Home, son grand-chambellan, avait fait une incursion en Angleterre avec un corps de trois à quatre mille hommes. Après avoir recueilli un riche butin, il revenait sans observer beaucoup d'ordre, lorsqu'il tomba dans une embuscade préparée par les Anglais du voisinage, qui s'étaient cachés parmi les hautes bruyères dont la plaine de Millfield, près de Wooler, était alors couverte. Les Ecossais furent complètement battus, et perdirent près du tiers de leurs soldats, tant tués que blessés. C'était un triste commencement de guerre.

Cependant Jacques, contre l'avis de ses plus sages conseillers, résolut d'envahir lui-même l'Angleterre à la tête d'une puissante armée. Le parlement n'approuvait pas les projets du roi. Il songeait à la tranquillité dont l'Écosse n'avait pas cessé de jouir depuis la paix avec l'Angleterre ; et puisqu'il n'était plus question des prétentions de leurs voisins à la suprématie, il ne voyait pas de motif suffisant pour réveiller l'ancienne animosité si heureusement assoupie entre les deux royaumes. Mais le roi insista; il était si aimé, que le parlement n'osa refuser son consentement à cette guerre injuste et funeste, et l'ordre fut donné à tous les sujets du royaume de s'assembler à Borough-Moor, grande plaine près d'Edimbourg, au milieu de laquelle la bannière royale fut déployée, du haut d'un fragment de rocher appelé la Pierre du Lièvre ( *Hare-Stone* ).

Dans cette extrémité, différens stratagèmes furent encore tentés pour empêcher la guerre. Il en est qui semblent avoir été suscités par la connaissance qu'on avait du caractère du roi, qui n'était pas à l'abri d'une sorte de mélancolie superstitieuse, provenant, soit de sa constitution naturelle, soit des remords qu'il conservait toujours d'avoir pris part à la mort de son père. Ce fut sans doute ce qui donna lieu à la scène suivante.

Pendant que le roi entendait la messe dans l'église de Linlithgow, un vieillard, vêtu d'une robe couleur d'azur, nouée par une ceinture, ayant des sandales aux pieds, de longs cheveux dorés sur la tête, et dont l'air était grave et imposant, parut tout à coup devant lui. Sans donner aucun signe de respect en la présence royale, il marcha droit à la chaire que Jacques occupait, posa ses deux bras sur le bord, et lui adressa la parole. Cet étrange personnage déclara qu'il était envoyé par sa mère, pour défendre à Jacques d'entreprendre le voyage qu'il méditait, attendu que ni lui ni aucun de ceux qui l'accompagneraient n'en reviendraient sains et saufs. Il fit aussi des remontrances au roi sur ce qu'il fréquentait la société des femmes, et qu'il n'agissait que d'après leurs conseils. — Si tu continues, lui dit-il, tu seras frappé de honte et de confusion.

A peine eut-il dit ces mots, qu'il s'échappa du milieu des courtisans si subitement, qu'il sembla disparaître. Il n'y a point de doute que cette mascarade n'eût été inventée pour représenter saint Jean, appelé dans l'Écriture le fils adoptif de la Vierge Marie. On croyait alors qu'il était possible que les ames des saints et des apôtres qui étaient morts, revinssent sur la terre; et l'on voit dans l'histoire beaucoup de traits du même genre que celui que je viens de vous raconter (1).

Une autre tradition, qui n'est pas aussi authentique, dit qu'au milieu des ténèbres on entendit, à la Croix d'Édimbourg, une voix surnaturelle, qui sommait le roi, par son nom et ses titres, ainsi que ses principaux Chefs et seigneurs, de comparaître devant le tribunal de Pluton dans l'espace de quarante jours. Cette prétendue sommation a encore tout l'air d'un stratagème

---

(1) Ce trait est raconté à Marmion par le lord Lindsay, lion-roi d'armes. — Éd.

inventé pour détourner le roi de son expédition (1).

Mais ni ces artifices, ni les avis et les prières de la reine Marguerite, ne purent détourner Jacques de son malheureux projet. Aimé comme il l'était, il eut bientôt rassemblé une nombreuse armée, et se mettant à sa tête il entra en Angleterre près du château de Twisell, le 22 août 1513. Il prit rapidement les places frontières de Norham, de Wark, d'Etall, de Ford, et d'autres moins importantes, et fit un grand butin. Mais au lieu de pénétrer dans le cœur de l'Angleterre, lorsqu'il ne se trouvait aucunes troupes pour l'en empêcher, on dit que le roi se laissa captiver par les charmes de lady Heron de Ford (2), dame d'une grande beauté, qui réussit à le retenir auprès d'elle jusqu'à l'approche d'une armée anglaise.

Tandis que Jacques perdait ainsi son temps sur les frontières, le comte de Surrey, ce même noble et galant chevalier qui avait été chargé, plusieurs années auparavant, d'amener la reine Marguerite auprès de son auguste époux, s'avançait à la tête d'une armée de vingt-six mille hommes. Le comte fut joint par son fils Thomas, lord grand-amiral, qui venait de débarquer à Newcastle, avec un corps de troupes considérable. A mesure que les gentilshommes des comtés du nord ac-

---

(1) Cette scène solennelle n'a pas été négligée dans *Marmion*, chant v. — Éd.

(2) C'est cette même dame à qui sir Walter Scott fait jouer un rôle dans *Marmion*. — Éd.

couraient sous l'étendard de Surrey, les Écossais, au contraire, retournaient en grand nombre dans leur pays, parce que les provisions que, en vertu du système féodal, chaque homme avait apportées avec lui pour quarante jours étant alors presque épuisées, la disette commençait à se faire sentir dans l'armée de Jacques. D'autres allaient chez eux pour déposer leur butin en lieu de sûreté.

Surrey, se sentant le plus fort, résolut alors de provoquer le roi d'Écosse au combat. Il lui envoya un message pour lui offrir la bataille; et lord Thomas Howard lui fit dire en même temps, que sachant qu'il s'était plaint plusieurs fois de la mort d'André Barton, lui, lord Thomas, qui en était l'auteur, était prêt à lui en rendre raison l'épée à la main devant toute l'armée. Jacques répondit que c'était si fort son désir de se battre avec les Anglais, que, quand même le message du comte l'aurait trouvé à Édimbourg, il aurait laissé là toute autre affaire pour venir répondre à son défi.

Mais les seigneurs écossais avaient une opinion bien différente de celle du roi. Ils tinrent un conseil dont lord Patrick Lindsay fut nommé président ou chancelier. C'était le même qui, au commencement du règne de Jacques, avait si bien défendu son frère, dont le titre et les domaines lui étaient passés à sa mort. Il ouvrit la discussion en proposant au conseil la parabole d'un riche marchand, qui voulait absolument jouer aux dés contre un escroc subalterne, et parier un noble-à-la-rose d'or contre un mauvais *Half-penny*. — Vous, milords, ajouta-t-il, vous ne seriez pas plus sages que le marchand, si vous risquiez votre roi, que je compare à un noble d'or précieux, contre le général anglais, qui n'est qu'un mauvais vieux rustaud qui se fait traîner sur un chariot. Quand même les Anglais perdraient la bataille, ils ne perdraient que ce vieux manant et un tas d'ouvriers du plus bas étage, tandis que la plupart de nos simples soldats sont retournés chez eux, et qu'il ne nous reste guère que la fleur de notre noblesse. Il dit alors que son avis était que le roi se retirât du champ de bataille, pour mettre sa personne en sûreté, et que quelque brave seigneur fût nommé par le conseil pour prendre le commandement de l'armée. Il fut décidé que ces mesures seraient proposées au roi et qu'il serait supplié de les adopter.

Mais Jacques, qui désirait se signaler par quelque exploit éclatant, parut tout à coup au milieu des seigneurs assemblés, et il leur dit avec beaucoup de chaleur, qu'il ne se soumettrait pas à un pareil affront. — Je combattrai les Anglais, eussiez-vous tous juré le contraire. Vous pouvez vous déshonorer en prenant la fuite, mais je ne partagerai point votre déshonneur. Quant au lord Patrick Lindsay, qui a émis le premier vote, je jure que, dès que je serai de retour en Écosse, je le ferai pendre à la porte de son château.

Le roi fut vivement encouragé dans cette résolution imprudente et téméraire de livrer le combat à tout prix, par l'ambassadeur français, De la Motte, ce qui fut remarqué de notre vieille connaissance le comte d'Angus, surnommé *l'Attache-grelot*, qui avait suivi son souverain à la guerre. Le comte accusa le Français de vouloir sacrifier les intérêts de l'Écosse à ceux de son pays, parce qu'il importait à la France qu'une bataille eût lieu, quel qu'en dût être le résultat. Il fit aussi ressortir, comme lord Lindsay, la différence qui se trouvait entre les deux armées, les Anglais ayant une foule de soldats d'une basse naissance, tandis que l'armée écossaise contenait l'élite de la noblesse. Furieux de ces remontrances, Jacques lui dit d'un air dédaigneux : — Angus, si vous avez peur, vous pouvez vous en retourner. — Le comte, après un propos aussi offensant, quitta le camp la nuit même; mais ses deux fils restèrent, et ils périrent dans la funeste bataille avec deux cents guerriers du nom de Douglas.

Pendant que le roi Jacques était dans cet état d'exaspération, le comte de Surrey s'était avancé jusqu'à Wooler, de sorte qu'il n'y avait plus que quatre à cinq milles entre les deux armées. Le commandant anglais cherchait un guide qui connût le pays traversé par une ou deux grandes rivières, et coupé en plusieurs endroits par de hautes montagnes. Un guerrier, monté sur un beau cheval, et couvert d'une armure complète, se présenta devant le comte, et fléchissant un genou en terre, il lui offrit de lui servir de guide, s'il pouvait obtenir le pardon d'une offense dont il s'était rendu coupable. Le comte le lui promit, pourvu qu'il ne s'agît ni de trahison envers le roi d'Angleterre, ni d'une offense personnelle envers une dame, crimes que Surrey déclara qu'il ne pardonnerait jamais. — A Dieu ne plaise, dit le cavalier, que j'aie commis une action aussi honteuse ! Je n'ai fait qu'aider à tuer un Écossais, qui exerçait une domination trop rigide sur nos frontières et qui cherchait toutes les occasions de tourmenter les Anglais.

En disant ces mots, il leva la visière du casque qui lui cachait la figure, et le comte de Surrey reconnut Heron-le-Bâtard, qui avait pris part à l'assassinat de sir Robert Ker, comme je vous l'ai raconté. Le comte lui pardonna volontiers le meurtre d'un Écossais dans un pareil moment, et il le reçut avec d'autant plus de plaisir dans ses rangs, que cet ancien proscrit, qui n'avait vécu que de déprédations continuelles, connaissait à merveille tous les sentiers et tous les passages qui conduisaient aux frontières.

L'armée écossaise avait établi son camp sur la colline de Flodden, qui s'élève à l'extrémité de la vaste plaine de Millfield. Sur cette colline il y avait une immense plate-forme, où les les Écossais avaient rangé leur armée en bataille, et où ils attendaient de pied ferme l'ennemi, si toutefois il se décidait à les attaquer. Surrey vit qu'il ne pouvait attaquer le roi dans une pareille position sans avoir un désavantage marqué, et il résolut de tenter s'il ne serait pas possible de l'en tirer. Il envoya un héraut inviter Jacques à descendre dans la vaste plaine de Millfield, et lui rappeler l'empressement avec lequel il avait accepté son premier défi, lui donnant à entendre que c'était l'opinion des chevaliers anglais de son armée, que le roi ne pouvait différer le combat sans compromettre son honneur (1).

Nous avons vu que Jacques était assez imprudent et assez téméraire; mais son impétuosité n'allait pourtant pas encore jusqu'au point que Surrey supposait peut-être. Il refusa de recevoir l'envoyé en sa présence, et se contenta de faire répondre que le message n'était pas tel qu'il convenait à un comte d'en envoyer à un roi.

Surrey, qui manquait de vivres, se vit obligé de recourir à un autre stratagème pour tirer les Écossais de leur inaction. Il se dirigea vers le nord, passa le long de la colline de Flodden, en ayant soin de se tenir hors de portée de l'artillerie écossaise; puis ayant traversé le Till, près du château de Twisell, il se plaça avec toute son armée entre Jacques et son royaume. Le roi le laissa opérer ce mouvement sans chercher à l'interrompre, quoiqu'il lui eût été facile de trouver bien des occasions favorables pour attaquer les Anglais. Mais lorsqu'il vit l'armée anglaise postée de manière à lui fermer le chemin de ses états, il commença à prendre l'alarme. Un Anglais nommé Giles Musgrave, qu'il consulta dans cette circonstance, redoubla ses craintes en l'assurant que s'il ne descendait pas de la colline pour livrer bataille aux Anglais, le comte de Surrey entrerait en Écosse et ravagerait tout le pays. Dans cette appréhension, le roi résolut de donner le signal de ce fatal combat.

(1) C'est ici que commence le chant sixième de *Marmion*.
ÉD.

Les Écossais commencèrent par mettre le feu aux cabanes qu'ils avaient construites, ainsi qu'à tout ce qui se trouvait d'inutile dans leur camp. La fumée se répandit le long des flancs de la colline, et cachée sous ce voile impénétrable, l'armée du roi Jacques descendit l'éminence, qui est beaucoup moins escarpée du côté du nord que du côté du midi, tandis que les Anglais s'avançaient à sa rencontre, enveloppés également dans l'épais nuage qui s'était dirigé de leur côté.

Les Écossais marchaient sur quatre colonnes toutes parallèles les unes aux autres, et ils avaient pour réserve les hommes du Lothian, commandés par le comte Bothwell. Les Anglais étaient aussi divisés en quatre corps, et leur réserve se composait d'un corps de cavalerie conduit par Dacre.

L'action s'engagea par l'aile gauche des Écossais, dirigée par lord Home, qui renversa et mit en désordre l'aile droite de l'armée anglaise, commandée par sir Edmond Howard. L'étendard de sir Edmond fut pris, et il courait lui-même le plus grand danger, lorsqu'il fut secouru par Heron-le-Bâtard, qui accourut à la tête d'une bande d'*Outlaws* (1), déterminés comme lui et délivra Howard. Plusieurs écrivains écossais reprochent à lord Home de n'avoir point profité de cet avantage pour aller soutenir la seconde division de l'armée écossaise. On prétend même qu'il répondit à ceux qui le pressaient de

---

(1) Proscrits, hors la loi. Voyez sur ce mot une note d'*Ivanhoe*, à propos des compagnons de Robin-Hood. — Éd.

voler au secours du roi, — qu'on avait bien assez à faire ce jour-là de se battre pour son compte et de se sauver soi-même. Mais tout cela paraît inventé pour inculper Home et expliquer la perte de la bataille autrement que par la supériorité des Anglais. Ce qui paraît prouvé, c'est que la cavalerie anglaise, commandée par Dacre, qui servait de corps de réserve, tint les vainqueurs en respect, tandis que le lord grand-amiral, Thomas Howard, qui commandait la seconde division de l'armée anglaise, fondit sur la colonne dirigée par Crawford et Montrose, tua ces deux capitaines et mit leurs soldats en pleine déroute. Voilà comme les choses se passèrent à la gauche de l'armée écossaise.

A l'extrême droite, une division de montagnards, composée des clans de Mac-Kenzie, de Mac-Lean et autres, et commandée par les comtes de Lennox et d'Argyle, fut tellement harcelée par les flèches des archers anglais, qu'ils rompirent leurs rangs, et malgré les cris et les prières de De la Motte, l'ambassadeur français, qui fit tous ses efforts pour les arrêter, ils se précipitèrent en tumulte en bas de la colline, et étant attaqués en même temps en flanc et en queue par sir Édouard Stanley à la tête des troupes des comtés de Chester et de Lancastre, ils furent complètement taillés en pièces.

La seule division des Écossais dont il nous reste à parler était commandée par Jacques en personne, et était composée de ses nobles et gentilshommes les plus distingués, dont l'armure était si bonne, que les flèches n'y faisaient qu'une impression légère. Ils étaient tous à pied ; le roi lui-même était descendu de cheval. Ils attaquèrent le corps commandé par le comte de Surrey avec une telle fureur, qu'ils eurent un moment l'avantage. Ils culbutèrent les escadrons ennemis, pénétrèrent à peu de distance de l'étendard du comte, et Bothwell amenant la réserve, Jacques se flattait déjà de gagner la bataille. Mais, dans ce moment, Stanley, qui avait mis les montagnards en pleine déroute, vint prendre en flanc la division du roi, tandis que l'amiral, qui avait vaincu Crawford et Montrose, l'attaquait de l'autre côté. Les Écossais montrèrent le courage le plus intrépide. S'unissant à la réserve commandée par Bothwell, ils se formèrent en cercle, présentèrent leurs lances de tous les côtés à la fois et combattirent avec le plus grand acharnement. Les arcs étant alors inutiles, les Anglais s'avancèrent armés de leurs hallebardes, qui faisaient d'horribles blessures. Mais ils ne purent forcer les Écossais ni à se retirer, ni à rompre leurs rangs, quoiqu'ils en fissent un carnage affreux. Jacques lui-même périt au milieu de ses braves pairs et de ses fidèles gentilshommes. Deux fois des flèches le blessèrent, et enfin un coup de hallebarde l'étendit mort. La nuit arriva sans que la bataille fût entièrement terminée ; car le centre de l'armée écossaise se maintenait toujours à la même place, et Home et Dacre se tenaient l'un l'autre en échec. Mais pendant la nuit, le reste des Écossais se retira dans un morne désespoir du champ de bataille, sur lequel il laissa son roi et l'élite de sa noblesse.

Cette victoire éclatante et décisive fut remportée par le comte de Surrey le 9 septembre 1513. Les vainqueurs perdirent environ cinq mille hommes; les Écossais, deux fois ce nombre pour le moins. Mais ce n'est pas seulement le nombre des morts, c'est leur rang et leur qualité qu'il faut considérer. Les Anglais perdirent très-peu d'hommes de distinction, tandis que les Écossais laissèrent sur le champ de bataille le roi, deux évêques, deux abbés mitrés, douze comtes, treize lords et cinq fils aînés de pairs. Le nombre de gentilshommes qui périrent est incalculable; à peine y a-t-il une seule famille en Écosse qui n'y ait perdu quelque parent.

Les Écossais se montrèrent très-disposés à contester que Jacques IV eût péri dans la bataille de Flodden. Les uns disaient qu'il s'était retiré du royaume, pour entreprendre un pèlerinage à Jérusalem. D'autres prétendaient qu'à l'entrée de la nuit, au moment où le combat touchait à sa fin, quatre grands cavaliers avaient paru tout à coup sur le champ de bataille, ayant chacun un bouchon de paille à la pointe de leurs lances, pour se reconnaître facilement l'un l'autre; qu'ils avaient fait monter le roi sur un cheval brun, et qu'on l'avait vu traverser la Tweed avec eux. Personne ne prétendait savoir ce qu'ils en avaient fait; mais on supposait qu'il avait été assassiné dans le château d'Home; et je me rappelle qu'il y a environ quarante ans, des ouvriers, en curant le puits de cette forteresse en ruines, trouvèrent un squelette enveloppé dans une peau de taureau, et ayant une ceinture de fer autour des reins. C'était sur cette ceinture de fer que les Écossais s'appuyaient pour démontrer que le corps de Jacques n'était pas tombé entre les mains de leurs ennemis, puisqu'ils n'en avaient pas produit cette preuve irrécusable. Ils prétendaient donc que le corps resté au pouvoir des Anglais n'était pas celui de Jacques, mais celui d'un des officiers de sa maison, dont plusieurs, disaient-ils, portaient la même armure que le roi.

Mais ce sont de pures fables inventées et propagées parce que le peuple aime ce qui est mystérieux, et qu'il ajoutait volontiers foi à un récit qui tendait à priver ses ennemis d'un trophée aussi illustre de sa victoire (1). Tous ces bruits sont contraires au simple bon sens. Lord Home était le chambellan de Jacques, et il possédait toute sa confiance; il ne pouvait rien gagner à la mort d'un roi, et nous devons l'acquitter d'un grand crime qu'il n'avait aucun intérêt à commettre. Vous verrez même bientôt que la mort de Jacques entraîna la ruine du comte.

Il paraît certain que le roi portait habituellement cette ceinture de fer, en signe du regret que lui causaient la mort de son père et la part qu'il y avait prise; mais il n'est pas invraisemblable qu'il déposait un poids aussi gênant un jour de bataille; ou bien encore les Anglais peuvent l'avoir trouvée et l'avoir jetée à l'écart comme un objet de nulle valeur. Le corps qu'ils affirmèrent être celui de Jacques fut trouvé sur le champ de bataille par lord Dacre, qui le transporta à Berwick, et le présenta au comte de Surrey. Ces deux

(1) L'auteur écossais, Allan Cuningham, vient de publier un roman fondé sur cette tradition. — Éd

seigneurs connaissaient trop bien la personne de Jacques pour avoir pu s'y méprendre. Le corps fut aussi reconnu par deux de ses plus fidèles serviteurs, sir William Scott et sir John Fordman, qui fondirent en larmes en le voyant.

Ces tristes restes eurent un sort aussi bizarre que révoltant. Ils ne furent pas confiés à la terre, parce que le pape, qui, à cette époque, avait fait alliance avec l'Angleterre contre la France, avait lancé contre Jacques une sentence d'excommunication, de sorte qu'aucun prêtre n'osa leur rendre les derniers honneurs. Le corps royal fut donc embaumé et envoyé au monastère de Sheen, dans le comté de Surrey. Il y resta jusqu'à la réformation, époque où le monastère fut donné au duc de Suffolk; et depuis lors, le cercueil de plomb qui le renfermait fut relégué de chambre en chambre, comme on fait d'un meuble qui ne sert plus à rien. Stowe l'historien le vit gisant dans un grenier, au milieu de vieilles charpentes et d'un tas d'immondices. — Quelques ouvriers désœuvrés, dit le même écrivain, s'amusèrent sottement à scier la tête, et un nommé Lancelot Young, maître vitrier de la reine Élisabeth, trouvant qu'elle exhalait une odeur agréable, sans doute à cause des parfums qui avaient servi à l'embaumer, l'emporta chez lui et la garda pendant quelque temps; mais il finit par la donner au sacristain de Saint-Michel dans Wood-street, qui l'enterra dans le charnier.

Ainsi finit ce roi qui avait été si fier et si puissant.

La fatale bataille de Flodden, dans laquelle il périt avec presque toute son armée, est regardée avec raison comme l'un des événemens les plus désastreux de l'histoire d'Écosse.

# CHAPITRE XXII.

CONSÉQUENCES DE LA BATAILLE DE FLODDEN. — LA REINE DOUAIRIÈRE MARGUERITE PREND LA RÉGENCE, ET ÉPOUSE LE COMTE D'ANGUS. — LE DUC D'ALBANY EST RAPPELÉ DE FRANCE. — DÉMÊLÉS ENTRE SON PARTI ET CELUI DE MARGUERITE. — LUTTE SANGLANTE ENTRE LES DOUGLAS ET LES HAMILTONS DANS HIGH-STREET A ÉDIMBOURG. — PRISE DE JEDBURGH. — LE DUC D'ALBANY QUITTE L'ÉCOSSE POUR TOUJOURS.

La défaite de Flodden plongea toute l'Écosse dans le deuil et dans le désespoir; on ne l'a pas encore oubliée dans les provinces du midi, dont les habitans, soldats par caractère ainsi que par leur position, formaient la partie la plus considérable des troupes restées avec le roi, et dans lesquelles par conséquent la perte se fit le plus amèrement sentir. Presque toute la population des villes frontières du second ordre, telles que Selkirk, Hawick, Jedburgh, fut anéantie; et leurs ballades et leurs traditions répètent encore aujourd'hui tout ce qu'elles eurent alors à souffrir.

Non-seulement un très-grand nombre de nobles et de barons, à qui leur naissance accordait le privilège honorable de rendre la justice et de maintenir le bon ordre dans leurs domaines, mais même les magistrats des bourgs, qui, presque tous, étaient restés avec l'armée, avaient péri sur le champ de bataille; de sorte que l'Écosse semblait être laissée sans défense, et qu'on eût dit qu'il était aussi facile de l'envahir et d'en faire la conquête, qu'il l'avait été après les batailles de Dunbar et d'Halidon-Hill. Cependant, au milieu de cette crise terrible, le courage intrépide du peuple d'Écosse se montra sous son plus beau jour. Il n'était personne qui ne fût prêt à combattre, personne qui, tirant une nouvelle énergie de l'excès même du malheur, n'aimât mille fois mieux opposer une noble résistance, que de se résigner aux conséquences funestes qu'une lâche inaction n'aurait pu manquer d'entraîner.

Édimbourg, la capitale de l'Écosse, fut la première à donner l'exemple, et à montrer comment on doit agir dans les grandes calamités nationales. Le prévôt, les baillis et les magistrats de la ville avaient suivi le roi à l'armée, et presque tous ils avaient partagé son sort, ainsi que les bourgeois et les citoyens qui s'étaient rangés sous leur étendard. On avait nommé, pour les remplacer pendant leur absence, une commission de plusieurs membres qu'on appelait *présidens*, et qui avaient pour chef Georges Towrs d'Inverleith. La bataille se donna, comme nous l'avons vu, le 9 septembre, le lendemain 10, la nouvelle en fut reçue à Edimbourg, et le jour même Georges Towrs et les autres présidens publièrent une proclamation dont il n'est pas un seul pays en Europe qui ne se fît honneur. Les présidens devaient savoir que tout était perdu ; mais ils prirent toutes les précautions nécessaires pour empêcher le peuple de s'abandonner à une terreur panique, et pour pourvoir à la défense de la ville.

— Attendu, porte cette proclamation remarquable, que nous avons reçu la nouvelle, encore incertaine, il est vrai, de malheurs arrivés au roi et à son armée, nous recommandons et nous enjoignons strictement à tous les habitans de préparer leurs armes, et de se tenir prêts à se réunir au premier son du bourdon de la ville, pour repousser tout ennemi qui tenterait d'y pénétrer. Nous défendons en même temps aux femmes du peuple et aux vagabonds de toute espèce, de courir les rues en poussant des cris et en faisant des lamentations; et nous recommandons aux femmes honnêtes de se rendre dans les églises, et de prier pour le roi, pour son armée, et pour nos voisins qui sont dans l'armée du roi.

Voilà comment le brave Georges Towrs sut empêcher qu'on ne répandît le trouble et la terreur dans la ville par des lamentations inutiles, et sut en même temps tout préparer pour sa défense, si elle était menacée. La simplicité de cette proclamation montrait le courage et la fermeté de ceux qui la publiaient, dans des circonstances aussi graves que celles où l'on se trouvait alors.

Cependant le comte de Surrey ne chercha pas à envahir l'Écosse, et à profiter de la grande victoire qu'il venait d'obtenir pour en tenter la conquête. L'expérience avait appris aux Anglais que, s'il leur était facile de vaincre leurs voisins du nord, de ravager des provinces, de prendre des villes et des châteaux, la valeur opiniâtre des Écossais et leur amour pour l'indépendance parvenaient toujours à les expulser de leur pays. N'écoutant donc qu'un esprit de modération et de sagesse très-louable, Henry ou ses ministres préférèrent se concilier l'amitié des Écossais, en négligeant les avantages immédiats qu'ils auraient pu tirer de la bataille de Flodden, plutôt que de commencer une autre invasion qui, quelques maux qu'elle pût causer à l'Ecosse, n'aurait eu probablement, comme dans les guerres de Bruce et de Baliol, d'autre résultat que d'entraîner les Anglais dans de grandes dépenses, de leur faire perdre beaucoup de monde, pour qu'ensuite ils fussent repoussés au-delà des frontières. Ils se rappelèrent que Marguerite, la veuve de Jacques, était la sœur du roi d'Angleterre, qu'elle allait devenir régente du royaume, et qu'elle serait naturellement favorable à son pays natal. Ils savaient que la dernière guerre avait été entreprise par le roi d'Écosse contre la volonté de ses sujets; et, par une politique aussi noble que sage, ils aimèrent mieux amener l'Ecosse par la douceur à redevenir leur alliée, que de s'en faire une ennemie irréconciliable par l'invasion et la violence. La guerre ne continua donc que sur les frontières, sans qu'il fût fait, ni même qu'on parût projeter aucune attaque sérieuse contre l'Ecosse.

La reine douairière, Marguerite, devint régente du royaume, et tutrice du jeune roi, Jacques V, qui, comme cela n'était déjà que trop souvent arrivé, n'avait que deux ans lorsqu'il monta sur le trône.

Mais Marguerite compromit étrangement son autorité en contractant un mariage imprudent et précipité avec Douglas, comte d'Angus, le petit-fils du vieux *Attache-Grelot*. Ce célèbre personnage n'avait pas survécu long-temps à la fatale bataille de Flodden, dans laquelle ses deux fils avaient péri. Son petit-fils, l'héritier de son grand nom, était un beau jeune homme, aussi noble que brave, ayant toute l'ambition des Douglas, ainsi qu'une grande partie de leurs talens militaires. Mais il était jeune, téméraire, sans expérience; et son élévation, lorsqu'il reçut la main de la reine régente, excita la jalousie de tous les autres seigneurs d'Ecosse, qui craignaient le nom et le pouvoir des Douglas.

La paix fut alors conclue entre la France et l'Angleterre, et l'Ecosse fut comprise dans le traité; mais à peine peut-on dire que ce fut un bonheur pour elle, si l'on considère l'état de détresse où se trouva le pays, qui, n'ayant plus à craindre les ravages des Anglais, se replongea avec plus d'animosité que jamais dans ses querelles et dans ses divisions intestines. La nation, ou plutôt les nobles, mécontens de la régence de Marguerite, surtout à cause de son mariage avec Angus, et des airs de hauteur et d'autorité que prenait ce jeune seigneur, pensèrent alors à rappeler en Ecosse John, duc d'Albany, fils de ce Robert qui avait été banni sous le règne de Jacques III. C'était le plus proche parent du jeune roi, puisqu'il était cousin-germain de son père. La reine était regardée généralement comme ayant perdu ses droits à la régence par son mariage, et le retour d'Albany causa une satisfaction presque universelle.

John, duc d'Albany, né et élevé en France, où il avait des propriétés considérables, paraît avoir toujours préféré les intérêts de ce royaume à ceux de l'Ecosse, à laquelle il ne tenait que par des liens de parenté. C'était un homme faible et passionné, prompt à embrasser une opinion, aussi prompt à en changer, suivant l'influence du moment. Son courage peut être suspecté avec raison; et sans être tout-à-fait fou, il n'avait certainement pas la sagesse qui eût dû caractériser l'homme chargé de gouverner l'Ecosse. Cependant comme il avait apporté de France des sommes considérables, que ses manières étaient agréables, sa naissance illustre, et ses droits assez fondés, il n'eut pas de peine à l'emporter sur la reine Marguerite, sur le comte d'Angus son époux, et sur les seigneurs qui s'étaient déclarés pour eux.

Après beaucoup de troubles intérieurs, la reine Marguerite fut obligée de quitter l'Ecosse, et de se réfugier à la cour de son frère, où elle accoucha d'une fille, lady Marguerite Douglas, dont nous aurons plus tard à vous reparler. Pendant ce temps, son parti en Ecosse éprouvait une nouvelle perte. Lord Home était un de ses plus zélés partisans; c'était le même seigneur qui avait commandé l'aile gauche à la bataille de Flodden, et qui avait vaincu la division qui lui était opposée, mais dont la conduite avait excité d'étranges soupçons parce qu'il n'était pas allé secourir le reste de l'armée écossaise. Il fut attiré avec ses frères à Edimbourg, où ils furent arrêtés, jugés et décapités, sans qu'on sache ce dont on les accusait. Mais cet acte de rigueur, au lieu de confirmer la puissance d'Albany, ne fit qu'exciter la haine et la terreur, et sa position devint si critique, que, dans le secret de l'intimité, il ne parlait à ses amis que dans les termes du plus profond désespoir, regrettant de ne pas s'être cassé la jambe alors qu'il s'était arraché au repos et à la tranquillité dont il jouissait en France pour prendre le gouvernement d'un pays aussi turbulent et aussi divisé que l'Écosse. Enfin, il crut prudent de se retirer en France, et pendant son absence il confia la garde des frontières à un brave chevalier français, nommé de La Bastie, qui joignait à l'extérieur le plus agréable un courage intrépide, mais qui était destiné, comme nous allons le voir, à une fin tragique.

Cette charge de Gardien avait appartenu à lord Home, et ses nombreux et puissans amis, qui habitaient la frontière de l'est, plus particulièrement soumise à l'autorité du Gardien, brûlaient également de venger la mort de leur Chef, et de secouer le joug d'un étranger comme de La Bastie, favori d'Albany, par l'ordre duquel lord Home avait été exécuté. Sir David Home de Wedderburn, un des plus farouches du nom, dressa une embuscade au malheureux Gardien près de Langton, dans le comté de Berwick. De La Bastie fut obligé de prendre la fuite, et de chercher à gagner le château de Dunbar. Mais, près de la ville de Danse, son cheval s'enchevêtra dans un terrain marécageux; ceux qui le poursuivaient l'atteignirent, et le mirent à mort. Sir David Home lui coupa la tête, l'attacha à l'arçon de sa selle par les longs cheveux que de La Bastie portait, entra en triomphe dans le château de Home avec ce trophée, et le plaça sur une pique au haut de la tourelle la plus élevée. On dit que les cheveux sont encore déposés dans les archives de la famille. Wedderburn crut faire une action brave et héroïque en vengeant par ce raffinement de cruauté la mort de son Chef et de son parent, sur le confident et le favori du régent, quoiqu'il ne paraisse pas que de La Bastie eût eu la moindre part à l'exécution du lord Home.

Le déclin du pouvoir d'Albany permit à la reine Marguerite de revenir en Écosse avec son époux, laissant leur jeune fille sous la tutelle du roi Henry, son oncle maternel. Mais à peine de retour, la reine douairière eut des querelles très-vives avec Angus, qui s'était emparé de ses revenus, et qui n'avait pour elle ni attentions ni égards, vivant avec d'autres femmes, et lui donnant toutes sortes de sujets de mécontentement. Enfin les choses en vinrent au point qu'elle se sépara de lui, et qu'elle fit tous ses efforts pour obtenir un divorce. Ces querelles domestiques diminuèrent de beaucoup la puissance d'Angus; cependant il était encore l'un des premiers seigneurs de l'Écosse, et il aurait pu parvenir au gouvernement suprême du royaume, si son influence n'eût été balancée par celle du comte d'Arran.

Ce seigneur était le chef de la grande famille des Hamiltons, qui étaient alliés à la famille royale, et il avait des possessions si étendues, que, quoique inférieur au comte d'Angus sous le rapport des qualités personnelles, il pouvait, grace à ses richesses, disputer à ce chef des Douglas l'administration souveraine. Tous, ou presque tous les grands personnages de l'Écosse se liguèrent avec l'un ou l'autre de ces puissans comtes, qui soutenaient chacun leurs partisans sans s'inquiéter qu'ils eussent tort ou raison, et qui opprimaient ceux du parti contraire au gré de leurs caprices et sans formes de procès. Dans cet état d'anarchie, il était impossible au citoyen le plus obscur d'obtenir justice dans la réclamation la plus fondée, à moins qu'il ne fût sous la protection d'Angus ou d'Arran; et, quel que fût celui des deux auquel il s'attachait, il était sûr de s'attirer la haine et la persécution de l'autre. Sous prétexte de prendre fait et cause pour leur Chef, les hommes pervers et dépravés commettaient toutes sortes de violences, brûlaient, pillaient, massacraient, et prétendaient n'agir ainsi que dans l'intérêt du comte d'Angus, ou du comte d'Arran, son rival.

Enfin, le 30 avril 1520, ces deux grandes factions des Hamiltons et des Douglas se réunirent à Édimbourg pour assister aux séances du parlement, et l'on s'attendait généralement que les seigneurs des provinces de l'ouest prendraient le parti d'Arran, et que ceux de l'est se rangeraient du côté d'Angus. L'un des partisans les plus redoutables d'Arran était l'archevêque de Glascow, James Beaton, célèbre par ses talens, mais malheureusement plus encore par son inconduite. Il était alors chancelier d'Écosse, et les Hamiltons se réunirent dans son palais, situé au fond de Blackfriars-Wynd, une de ces ruelles étroites qui mènent de High-Street à la Cowgate. Les Hamiltons, voyant qu'ils étaient les plus nombreux de beaucoup, étaient à se concerter sur les moyens d'attaquer les Douglas et de s'emparer d'Angus. Celui-ci, apprenant ce qui se tramait, leur envoya son oncle, Gawain Douglas, évêque de Dunkeld, qui avait la double réputation de savant et de poète (1), pour faire des remontrances à Beaton, et lui rappeler qu'en sa qualité d'ecclésiastique il était de son devoir de chercher à maintenir la paix. Angus allait jusqu'à offrir de sortir de la ville, si on lui promettait de protéger sa retraite et celle de ses amis. Le chancelier avait déjà endossé l'armure qu'il portait sous son rochet, ou habit d'évêque; et, lorsqu'il répondit en posant la main sur son cœur : — Je ne saurais, sur ma conscience, empêcher ce qui va arriver, — on entendit résonner sa cotte de mailles. — Ah! milord, répondit l'évêque de Dunkeld, il me semble que votre con-

---

(1) Il avait traduit Virgile en langue écossaise. Voyez *Marmion*.
Éd.

science est bien sonore! Et le quittant à ces mots, il se hâta de retourner auprès de son neveu le comte d'Angus, et de l'exhorter à se défendre en homme de cœur :
— Pour moi, dit-il, je vais aller dans ma chambre prier pour vous.

Angus rassembla ses amis, et il se hâta, en habile capitaine, d'occuper High-Street, alors la seule grande rue d'Édimbourg. Les habitans étaient pour lui, et des lances furent distribuées à ceux des Douglas qui n'en avaient pas, ce qui leur donna un grand avantage sur les Hamiltons, qui n'avaient point d'armes plus longues que leurs épées.

Pendant ce temps, sir Patrick Hamilton, homme sage et modéré, conseillait fortement au comte d'Arran, qui était son frère, de n'en pas venir aux mains; mais un fils naturel du comte, sir James Hamilton de Draphane, d'un caractère farouche et cruel, s'écria que sir Patrick ne parlait ainsi que parce qu'il avait peur de se battre.

— Tu en as menti, infame bâtard que tu es! s'écria sir Patrick; une fois le combat résolu, je me battrai, moi, tandis que tu n'oseras pas te montrer.

Aussitôt ils se précipitèrent tous vers High-Street, où les Douglas se tenaient prêts à les recevoir.

Mais les Hamiltons, quoique très-nombreux, ne pouvaient joindre leurs ennemis qu'en sortant par les petites allées étroites qui conduisent dans cette grande rue, et les Douglas les avaient barricadées avec toutes les charrettes, tous les tonneaux et toutes les planches qu'ils avaient pu trouver. Pendant qu'ils s'efforçaient de se frayer un passage, ils furent attaqués vigoureusement par les Douglas, qui étaient armés de piques et de lances, et le petit nombre de ceux qui parvinrent à se faire jour furent immolés ou mis en pleine déroute. Le comte d'Arran et son fils le bâtard furent fort heureux de trouver une charrette à charbon, qu'ils déchargèrent, et sur laquelle ils prirent la fuite. Sir Patrick Hamilton fut tué avec beaucoup d'autres, périssant ainsi dans une escarmouche qu'il avait fait tous ses efforts pour empêcher. Ce qui ajouta beaucoup à la confusion, ce fut l'arrivée soudaine de sir David Home de Wedderburn, le cruel Chef des frontières qui avait fait périr de La Bastie. Il venait au secours d'Angus à la tête de huit cents cavaliers, et voyant que l'affaire était déjà commencée, il pénétra dans la ville en enfonçant une des portes à coups de marteau. Les Hamiltons s'enfuirent dans le plus grand désordre, et les conséquences de cette échauffourée furent telles, que les habitans d'Édimbourg l'appelèrent *le balayage des rues* (1), parce que la faction d'Arran avait été en quelque sorte balayée de la ville. Cette espèce de victoire donna un grand avantage à Angus sur son rival dans les querelles qu'ils eurent encore par la suite; mais elle présente un triste tableau des temps où de semblables combats pouvaient s'engager au milieu des rues d'une grande capitale.

(1) *Clean-the-causeway.* — TR.

Un an après cette bataille, le duc d'Albany revint de France pour reprendre la régence. Il paraît qu'il fut encouragé à cette démarche par le roi de France, qui désirait recouvrer son influence sur le gouvernement d'Écosse, et qui regardait avec raison Angus comme l'ami de l'Angleterre. Le régent ayant réussi à reprendre en mains les rênes de l'administration, Angus fut à son tour obligé de se retirer en France, où il employa si bien son temps qu'il en revint avec beaucoup plus de sagesse et d'expérience qu'il n'en avait avant son exil. Albany au contraire ne montra ni plus de prudence ni plus de fermeté que dans sa première administration. Il fit beaucoup en paroles et peu en effet. Il rompit la paix avec l'Angleterre, et y fit une invasion à la tête d'une nombreuse armée; puis il conclut une trêve deshonorante avec lord Dacre, qui commandait les troupes anglaises sur la frontière, et se retira sans coup férir, et sans même faire la moindre tentative qui justifiât les fanfaronnades qu'il s'était permises. Cette honteuse et lâche conduite excita le mépris de la nation écossaise, et le duc jugea nécessaire de retourner encore une fois en France, afin de chercher à obtenir du gouvernement des troupes et de l'argent pour se maintenir dans la régence, qu'il semblait exercer plutôt dans l'intérêt de ce pays que dans celui de l'Écosse.

Pendant ce temps, les Anglais entretenaient la guerre qu'Albany avait eu l'imprudence de rallumer, en faisant des incursions aussi fréquentes que meurtrières sur les frontières de leurs ennemis. Pour que vous puissiez juger combien ces escarmouches étaient terribles, et avec quelle animosité l'on se battait de part et d'autre, je vais vous raconter la prise de Jedburgh, qui arriva vers cette époque.

Depuis que la ville et le château de Roxburgh avaient été détruits, Jedburgh était la principale ville du comté. Elle avait de fortes murailles, et ses habitans étaient exercés aux combats que leur voisinage des frontières ne rendait que trop fréquens pour eux. Près de la ville étaient aussi ces montagnes où habitaient les plus intrépides des clans écossais.

Le comte de Surrey, fils de celui qui avait vaincu les Écossais à Flodden, et qui était alors duc de Norfolk, s'avança de Berwick à Jedburgh, en décembre 1521, avec une armée d'environ dix mille hommes. Les chefs écossais des frontières n'avaient à opposer à ces troupes bien disciplinées que quinze à dix huit cents de leurs partisans ; mais c'étaient tous braves soldats, d'une intrépidité telle, que le général anglais, qui avait fait la guerre dans plusieurs pays, déclara qu'il n'en avait jamais vu de pareils. — Si l'on pouvait rassembler quarante mille hommes comme ceux-là, dit Surrey, rien au monde ne serait capable de leur résister. Cependant la force du nombre l'emporta, et les Anglais prirent la place d'assaut. Il y avait dans l'intérieur de la ville six fortes tours, qui continuèrent à tenir, même après que l'ennemi se fut rendu maître des remparts. Elles servaient de résidence à des gentilshommes de distinction, étaient entourées d'épaisses murailles, et pouvaient résister longtemps. L'abbaye était aussi occupée par les

Écossais, qui la défendaient avec un courage héroïque. La bataille se prolongea jusqu'au milieu de la nuit, et les Anglais n'eurent d'autre moyen de compléter la victoire que de mettre le feu à la ville. Ceux qui étaient renfermés dans les tours et dans l'abbaye ne se rendirent pas pour cela, et même, dans cette extrémité terrible, ils continuèrent à se défendre.

Le lendemain, lord Dacre fut envoyé pour attaquer le château de Fairnyherst, à environ trois milles de Jedburgh, forteresse féodale habitée par cet André Ker, chef de clan redoutable, dont nous avons déjà parlé. Il fut pris, mais les assiégeans firent de grandes pertes. Dans la soirée, lord Dacre, contre les ordres de Surrey, voulut camper avec sa cavalerie hors de l'enceinte du camp choisi par les Anglais. Vers huit heures du soir, lorsqu'il était à souper avec les officiers de sa troupe, et qu'il croyait que tout était fini, il fut attaqué à l'improviste, et tous ses chevaux furent lâchés dans la plaine. Ces animaux effrayés, au nombre de plus de quinze cents, se précipitèrent au grand galop dans le camp de Surrey, où ils furent reçus à coups de flèches et par des décharges de mousqueterie; car les soldats anglais avaient pris l'alarme, et s'imaginaient que les Écossais venaient de forcer leurs retranchemens. Un grand nombre de ces chevaux entrèrent dans Jedburgh, qui était encore en flammes, et où ils furent saisis et emmenés par les Écossaises, qui s'entendaient aussi bien que leurs maris à manier un cheval. Le tumulte fut si grand, que les Anglais l'attribuèrent à une influence surnaturelle, et Surrey prétendit que le diable s'était montré six fois au milieu de la confusion. Telle était l'ignorance et la crédulité du siècle; mais ces détails peuvent vous donner quelque idée de la résistance opiniâtre qu'opposaient les Écossais, et des horreurs qui signalaient ces guerres de partisans sur les frontières.

Les Écossais, de leur côté, eurent l'avantage dans plusieurs autres affaires, dans l'une desquelles Héron-le-Bâtard, qui avait tant contribué à la victoire remportée par Surrey à Flodden, resta sur le champ de bataille.

Le jeune roi d'Écosse, qui n'était encore qu'un enfant, commençait déjà à montrer qu'il n'aimait ni les Français ni Albany. Quelques nobles lui demandaient ce qu'il fallait faire des Français que le régent avait laissés derrière lui. — Confiez-les, répondit Jacques, à la garde de David Home. — Ce sir David Home était celui qui avait assassiné de La Bastie, le confident d'Albany, et qui avait attaché sa tête par les cheveux à l'arçon de sa selle.

Cependant Albany revint de France avec de nouveaux trésors et de grandes provisions d'armes, d'artillerie et de tout ce qu'il fallait pour continuer la guerre. La France lui fournissait toutes ces ressources, parce qu'il était de son intérêt de chercher, à tout prix, à entretenir les hostilités entre l'Angleterre et l'Écosse. Le régent, se voyant pour la seconde fois à la tête d'une belle armée, alla mettre le siège devant Norham, place forte située sur les frontières de l'Angleterre ; mais lorsqu'il était au moment de la prendre, tout à coup il leva le siège avec sa lâcheté ordinaire, en apprenant que Surrey s'avançait pour la secourir. Après cette seconde retraite, encore plus honteuse que la première, Albany sortit du royaume, chargé de la haine et du mépris des nobles et du peuple, qui voyaient qu'il n'entreprenait rien qui ne fût pour lui une nouvelle source d'opprobre et de déshonneur. Il prit congé de l'Écosse, pour n'y jamais revenir, dans le mois de mai 1524.

## CHAPITRE XXIII.

LE COMTE D'ANGUS PREND LE GOUVERNEMENT DE L'ÉTAT. — VAINS EFFORTS DE BUCCLEUCH ET DE LENNOX POUR SOUSTRAIRE LE JEUNE ROI AU POUVOIR D'ANGUS. — ÉVASION DE JACQUES. — BANNISSEMENT D'ANGUS ET DU RESTE DES DOUGLAS.

La reine Marguerite, qui, comme nous l'avons vu, haïssait le comte d'Angus, son mari, se concerta alors avec Arran, l'ennemi du comte, pour que Jacques V, son fils, prît en main les rênes de l'état, quoiqu'il n'eût encore que douze ans. Mais Angus reparut dans ce moment de crise; ses intrigues l'emportèrent bientôt, et il se vit à la tête de tous les Chefs qui aimaient mieux former une alliance durable avec l'Angleterre que continuer la ligue avec la France, ligue qui avait déjà entraîné l'Écosse dans tant de querelles suivies de si terribles désastres.

Marguerite aurait pu conserver son autorité; car elle était très-aimée personnellement; mais c'était le malheur ou plutôt la folie de cette reine de contracter des mariages imprudens. A peine son divorce avec Angus fut-il prononcé, qu'elle épousa un jeune seigneur sans influence et d'un rang inférieur, Henry Stewart, second fils de lord Evandale. Cette démarche inconsidérée lui fit perdre tout son ascendant, et Angus s'éleva au pouvoir suprême, s'empara de la personne du roi, administra le royaume au nom de Jacques, mais par sa seule autorité, enfin exerça toutes les fonctions de régent de l'Écosse, quoiqu'il n'en prît pas le titre.

Le comte d'Angus avait les talens nécessaires pour supporter noblement le fardeau dont il s'était chargé; il se réconcilia avec son ancien rival le comte d'Arran, et dès lors son pouvoir parut assis sur une base inébranlable. Il conclut avec l'Angleterre un traité de paix très-avantageux pour l'Écosse. Mais Angus commit une grande faute : ce fut de confier toutes les charges, de distribuer toutes les faveurs, d'accorder tous les avantages qui dépendaient de la couronne, à ses amis et à ses adhérens, à l'exclusion totale des nobles et des gentilshommes qui avaient pris parti contre lui dans les querelles qu'il avait eu à soutenir, ou qui seulement ne s'étaient pas montrés ses partisans déclarés. La même partialité présidait aux arrêts de la justice, qu'Angus semblait exploiter au profit de ses amis et de ses parens.

Un vieil historien dit que — « personne n'osait soutenir un procès contre un Douglas, ni même contre un partisan d'un Douglas, parce que, s'il le faisait, il était sûr de perdre sa cause. Et, ajoute-t-il, quoique Angus parcourût souvent les provinces sous prétexte de punir les voleurs, les brigands et les assassins, il n'y avait nulle part d'aussi grands malfaiteurs que ceux qui formaient son escorte. »

Le roi, qui pouvait alors avoir quatorze ans, se fatigua de l'espèce de captivité dans laquelle Angus le retenait, et il soupirait après sa liberté. Sa mère devait avoir naturellement sur lui beaucoup d'influence, et elle l'employait au détriment du comte. Le comte de Lennox aussi, qui était proche parent du roi et qui avait beaucoup de fermeté et de prudence, prenait soin d'entretenir son mécontentement contre les Douglas, et plusieurs complots commencèrent à se tramer pour soustraire le roi à la tutelle d'Angus. Mais celui-ci avait si bien consolidé son pouvoir, qu'il ne pouvait plus être renversé que par la force des armes, et il n'était pas facile de réunir des troupes contre un homme aussi puissant et d'un courage aussi redouté.

Il paraît qu'à la fin on résolut d'employer l'entremise de sir Walter Scott de Buccleuch, chef de clan d'une grande bravoure, qui avait beaucoup d'influence sur la frontière. Il avait été autrefois l'ami d'Angus, et il avait même escaladé les murs d'Édimbourg avec une grande partie de son clan pour faire triompher le parti du comte dans cette ville. Mais depuis lors il était passé dans celui de Lennox, dont les conseils paraissent l'avoir guidé dans l'entreprise dont je vais vous faire le récit.

Quelques excès avaient eu lieu sur les frontières, et il est probable que Buccleuch n'y était pas étranger. Pour les réprimer, Angus se dirigea vers Jedburgh, ayant soin de mener le roi avec lui, de peur qu'il ne tentât de s'évader pendant son absence. Les clans de Home et de Ker, qui lui étaient dévoués, étaient venus se joindre à lui, et il avait de plus un corps nombreux de partisans. Angus revenait de cette expédition, et il avait passé la nuit à Melrose. Les Kers et les Homes avaient pris congé du comte, qui venait de quitter Melrose avec le roi et sa suite, lorsqu'une troupe de mille cavaliers se montra tout à coup sur le penchant d'une colline appelée Halidon-Hill, descendit dans la vallée, et se plaça entre le comte et le pont sur lequel il devait passer la Tweed pour retourner à Édimbourg.

— Sire, dit Angus au roi, voilà Buccleuch qui vient avec les brigands de Teviotdale et de Liddesdale, pour intercepter le passage à Votre Grace. Je jure devant Dieu qu'ils auront bientôt pris la fuite. Vous allez rester sur cette éminence avec mon frère Georges, pendant que nous chasserons ces bandits pour que Votre Grace puisse continuer tranquillement sa route.

Le roi ne répondit rien. Dans le fond de son cœur, il formait des vœux pour que Buccleuch réussît dans son entreprise ; mais il n'osait le dire.

Cependant Angus envoya un héraut sommer Buccleuch de se retirer lui et les siens. Scott répondit qu'il était venu, suivant l'usage des frontières, pour présenter au roi les hommes de son clan et pour inviter Sa Grace à dîner chez lui. Il ajouta qu'il connaissait la façon de penser du roi tout aussi bien qu'Angus.

Le comte marcha aussitôt contre lui, et la troupe de Scott poussant son cri de guerre, — Bellenden ! — vint à sa rencontre et soutint bravement l'attaque. Mais les Homes et les Kers, qui n'étaient pas à une grande distance, accoururent au bruit du combat, et, traversant le petit village de Darnick, ils tombèrent à l'improviste sur les cavaliers de Buccleuch et décidèrent la journée. Ceux-ci furent obligés de se retirer ; mais tout en fuyant ils continuèrent à se battre avec courage, et, se retournant sur les Kers, ils en tuèrent plusieurs, entre autres Ker de Cessford, un de leurs Chefs, qui reçut un coup de lance de l'un des Elliots, compagnon de Buccleuch. Son trépas occasiona une *haine à mort* entre les clans de Scott et de Ker : elle dura un siècle entier, et qui fit verser beaucoup de sang.

Cet engagement eut lieu le 25 juin 1526. Quatre-vingts guerriers du nom de Scott restèrent sur le champ de bataille, et Buccleuch fut déclaré coupable de haute trahison. Mais lorsque le roi eut secoué le joug des

Douglas, il se rendit en personne au parlement, pour obtenir la réhabilitation de Buccleuch, qu'il déclara sur sa parole royale n'être venu à Melrose par aucun motif coupable, mais seulement pour rendre ses devoirs à son prince et lui présenter les hommes de son clan. Ce qui le prouvait, ajouta le roi, c'est que le susdit Walter ne portait pas d'armes, mais un habit de peau avec une toque noire sur la tête. Sir Walter Scott fut donc réintégré dans tous ses biens; mais long-temps après il fut assassiné à Édimbourg par les Kers, qui vengèrent ainsi la mort du laird de Cessford (1).

Le comte de Lennox n'ayant pu réussir à délivrer le roi par l'entremise de Buccleuch, résolut alors de tenter lui-même s'il ne serait pas plus heureux. Il y fut encouragé par le chancelier Beaton (qui s'était distingué à l'affaire appelée par le peuple *le Balayage des rues*), par le comte de Glencairn et par d'autres seigneurs, qui voyaient avec peine le jeune roi confiné dans son palais comme un prisonnier, et toute l'administration du royaume concentrée sur les Douglas. Il assembla une armée de dix à douze mille hommes, et marcha de Stirling sur Édimbourg. Angus et Arran, qui étaient toujours ligués étroitement l'un avec l'autre, le rencontrèrent, avec des forces inférieures, près du village de Newliston.

La nouvelle qu'il allait se livrer une grande bataille arriva bientôt à Édimbourg, et sir Georges Douglas se

(1) Voyez le *Lai du dernier Ménestrel*. — Éd.

hâta d'appeler les citoyens aux armes, pour voler au secours de son frère le comte d'Angus. Les cloches furent mises en branle, les trompettes retentirent dans la ville, et le roi lui-même fut obligé de monter à cheval, pour paraître appuyer les mesures prises par les Douglas, qu'au fond du cœur il détestait. Jacques connaissait si bien sa triste position, qu'il s'efforça, par tous les moyens qui étaient en son pouvoir, de retarder la marche des troupes qu'on rassemblait à Édimbourg. Lorsqu'elles arrivèrent au village de Corstorphine, elles entendirent les décharges de la mousqueterie, ce qui augmenta la farouche impatience de Georges Douglas d'arriver sur le champ de bataille, et ce qui fit imaginer au jeune roi de nouveaux délais, dans l'espoir qu'Angus serait battu avant que son frère eût pu le joindre. Georges Douglas s'en aperçut, et il dit au roi d'un ton que Jacques n'oublia ni ne pardonna jamais :

— Votre Grace n'a pas besoin de penser à nous échapper ; si nos ennemis vous tenaient par un bras, et nous par l'autre, nous vous mettrions en pièces plutôt que de vous lâcher.

Un exprès envoyé du champ de bataille vint apprendre alors que Lennox avait été défait, et qu'Angus était vainqueur. A cette nouvelle, le jeune roi, triste et abattu, mit autant d'empressement à faire presser le pas à sa troupe qu'il en avait montré pour la retenir. Il donna ordre qu'on fît tout au monde pour épargner l'effusion du sang, et surtout pour sauver Lennox. Sir André Wood, un des échansons du roi, arriva sur le

champ de bataille assez à temps pour sauver le comte
de Glencairn, qui, protégé par le terrain, continuait à
se défendre vaillamment, quoiqu'il ne lui restât guère
qu'une trentaine de soldats. Mais Lennox, pour le salut
duquel le roi avait témoigné tant de sollicitude, n'était
déjà plus. Il avait été massacré de sang-froid par le plus
féroce des hommes, sir James Hamilton de Draphane,
qui l'avait arraché des mains du laird de Pardivan, à
qui il s'était rendu de lui-même. Tel était l'affreux
plaisir que ce monstre trouvait à verser du sang, comme
s'il y était poussé par quelque instinct farouche, que
de sa propre main il coupa le visage d'un grand nombre
de prisonniers. Arran, le père de ce tigre altéré de
sang, déplora amèrement le sort de Lennox, qui était
son neveu. On le trouva pleurant auprès de son cadavre, sur lequel il avait jeté son manteau écarlate. —
L'homme le plus brave, le plus fort et le plus sage
d'Écosse, s'écriait-il, gît à cette place, frappé du coup
de mort.

Après ces deux victoires, la puissance du comte
d'Angus parut si fortement consolidée, que ses partisans ne mirent plus de bornes à leurs prétentions, et
que ses ennemis furent obligés de fuir et de se cacher.
Le chancelier Beaton, déguisé en berger, fit paître des
moutons sur Bogrian-Knowe, jusqu'à ce qu'il fût parvenu à faire la paix avec les comtes d'Angus et d'Arran,
en leur faisant des donations considérables tant en argent qu'en domaines ecclésiastiques. Angus établit autour de la personne du roi une garde de cent hommes
choisis par lui-même, dont il confia le commandement

à Douglas de Parkhead. Il nomma son frère Georges, que Jacques détestait, maître de la maison du roi, et Archibald de Kilspindie, son oncle, lord trésorier du royaume. Mais l'état de contrainte dans lequel se trouvait le roi ne fit qu'augmenter son désir d'être à jamais délivré de tous les Douglas. Toutes les tentatives par la force ouverte ayant échoué, Jacques résolut d'avoir recours à la ruse.

Il obtint de sa mère, la reine Marguerite, de lui céder le château de Stirling, qui lui avait été assigné à titre de douaire, et d'en confier la garde à un gentilhomme en qui il pouvait avoir toute confiance. Ce qu'il désirait se fit avec beaucoup de mystère. S'étant ainsi préparé un asile, Jacques épia impatiemment l'occasion de courir s'y renfermer, et pour endormir la vigilance des Douglas, il montra tant de déférence pour Angus, qu'ils ne doutèrent pas qu'il n'eût pris son parti, et que, désespérant de s'échapper, il ne se fût réconcilié avec son esclavage.

Jacques habitait alors à Falkland, résidence royale, située favorablement pour la chasse au tir et au faucon, qui était son amusement favori. Le comte d'Angus, à cette époque, quitta la cour pour se rendre dans le Lothian, où il avait quelques affaires pressantes; Archibald Douglas de Kilspindie alla à Dundee voir une dame à laquelle il était attaché, et Georges Douglas était parti pour Saint-André, dans le but d'extorquer quelque nouvelle concession au chancelier Beaton, qui était alors archevêque de ce siège et primat d'Écosse. Il ne restait donc plus auprès du roi aucun des Douglas, à l'exception de Parkhead avec sa garde de cent hommes, sur la vigilance duquel les autres savaient qu'ils pouvaient compter.

Le roi crut que le moment était favorable. Pour endormir tous les soupçons, il annonça qu'il se leverait le lendemain de bonne heure pour aller courre le cerf. Douglas de Parkhead, ne se doutant de rien, se retira dans son appartement après avoir placé ses sentinelles. Mais le roi ne se vit pas plus tôt seul qu'il appela John Hart, son page de confiance.

— John, lui dit-il, m'aimes-tu?

— Plus que moi-même, répondit le jeune serviteur.

— Et veux-tu risquer tout pour moi?

— Ma vie, s'il le faut, s'écria John Hart.

Alors le roi lui expliqua son projet, et, sous la livrée d'un simple valet, il se rendit à l'écurie avec son page, comme pour faire les préparatifs de la chasse du lendemain. Les gardes, trompés par son déguisement, le laissèrent passer sans obstacle. Trois bons chevaux les attendaient tout sellés et tout bridés; car le roi avait déjà mis dans sa confidence un de ses domestiques, qui avait fait d'avance les dispositions nécessaires.

Le roi monta à cheval avec ses deux fidèles serviteurs, et il galopa toute la nuit, léger comme un oiseau qui vient de s'échapper de sa cage. Au point du jour, il arriva au pont de Stirling. Comme on ne pouvait traverser le Forth que sur ce pont ou en bateau, Jacques ordonna de fermer les portes qui le défendaient et de ne laisser passer qui que ce fût. Il était bien fatigué quand il arriva au château de Stirling, où il fut reçu avec joie par le gouverneur qu'il avait placé lui-même dans cette forteresse. On leva les ponts-levis, on abattit les herses, on plaça des gardes partout, enfin, on prit toutes les mesures que dictait la prudence. Mais le roi craignait tellement de retomber au pouvoir des Douglas, que, malgré toute sa fatigue, il ne voulut se coucher que lorsqu'il eut les clefs du château entre les mains et qu'il les eut placées sous son oreiller.

Le lendemain matin, l'alarme fut grande à Falkland. Sir Georges Douglas était revenu, la nuit même du départ du roi, sur les onze heures. En arrivant, il demanda où était Jacques, et il apprit du concierge, ainsi que des sentinelles, qu'il dormait déjà, parce qu'il devait partir de grand matin pour la chasse ; il se retira donc de son côté, dans une sécurité complète. Mais au point du jour il apprit des nouvelles bien différentes. Un nommé Peter Cramichael, bailli d'Abernethy, vint frapper à sa porte, et lui demanda s'il savait où était le roi, à l'heure qu'il était.

— Il est à dormir dans sa chambre, dit sir Georges.

— Vous vous trompez, reprit Cramichael ; il a traversé le pont de Stirling la nuit dernière.

A cette nouvelle, Douglas s'élança hors de son lit, courut à la chambre du roi et frappa à coups redoublés. Ne recevant point de réponse, il fit enfoncer la porte, et lorsqu'il trouva l'appartement vide, il s'écria : — Trahison! le roi est parti, et personne ne sait où. Aussitôt il dépêcha un exprès à son frère le comte d'Angus, et envoya dans toutes les directions pour chercher le roi et assembler les Douglas.

Lorsque la vérité fut connue, les partisans d'Angus coururent tous ensemble à Stirling; mais, bien loin de consentir à les recevoir, le roi fit publier à son de trompe qu'il déclarerait traître quiconque du nom de Douglas approcherait de douze milles de sa personne, ou prendrait la moindre part à l'administration du royaume. Quelques-uns des Douglas furent tentés de résister à cette proclamation; mais le comte d'Angus et son frère résolurent d'obéir, et ils se retirèrent à Linlithgow.

Bientôt après le roi assembla autour de sa personne tous les grands qui étaient jaloux de la puissance d'Angus et d'Arran, ou qui avaient été persécutés par eux; et en plein parlement il accusa les deux comtes de trahison, déclarant qu'il n'avait pas cru sa vie en sûreté tout le temps qu'il avait été en leur pouvoir. Le comte d'Angus fut donc déclaré coupable de forfaiture, et condamné à l'exil, avec tous ses parens et amis. Et ce fut ainsi que les Douglas-Roux, de la maison d'Angus, partagèrent presque le même sort que les Douglas-Noirs, de la branche aînée de cette grande famille, avec cette différence que n'étant point parvenus aussi haut, leur chute ne fut pas telle qu'ils ne pussent jamais se relever; car le comte d'Angus rentra dans la suite en Écosse, où il joua même un rôle distingué. Mais ce ne fut qu'après la mort de Jacques V, qui conserva toute sa vie une haine implacable contre les Douglas et ne permit jamais à aucun d'eux de rester en Écosse sous son règne. Jacques montra même, à cet égard, une opiniâtreté qui, dans la circonstance que nous allons rapporter, pouvait paraître barbare.

Archibald Douglas de Kilspindie, oncle du comte d'Angus, avait été l'un des favoris du roi avant la disgrâce de sa famille. Telle était sa grande force, son air belliqueux, son adresse dans tous les exercices militaires, que Jacques ne l'appelait jamais que son Graysteil, du nom d'un champion dont les ballades du temps disaient merveilles (1). Archibald avait été exilé comme les autres, et il s'était retiré en Angleterre; mais se faisant vieux, et brûlant du désir de revoir sa patrie, il résolut d'implorer lui-même la merci du roi. Il pensa que l'ancienne intimité qui avait régné entre eux plaiderait en sa faveur, d'autant plus que jamais il ne l'avait offensé personnellement.

Un jour que Jacques revenait de chasser dans le parc de Stirling, Archibald l'attendit sur son passage. Il y avait plusieurs années que le roi ne l'avait vu, mais il le reconnut de loin à sa démarche ferme et imposante. —

(1) C'est le Douglas de la *Dame du Lac*. — Éd.

Voilà, dit-il, mon Graysteil, Archibald de Kilspindie. Mais en passant devant lui, il ne fit pas semblant de reconnaître son vieux serviteur et continua son chemin. Douglas, ne perdant pas encore toute espérance, courut après le roi, et quoique Jacques eût mis son cheval au grand trot et que Douglas portât une pesante cotte de mailles sous ses vêtemens, de peur d'être assassiné, cependant Graysteil était à la porte du château en même temps que le roi. Jacques entra sans faire plus d'attention à lui; mais Douglas, épuisé de fatigue, s'assit à la porte et demanda quelques gouttes de vin. La haine du roi pour le nom de Douglas était si bien connue, qu'aucun des domestiques qui se trouvaient dans la cour n'osa donner au vieux guerrier ce qu'il implorait de leur pitié.

Il est vrai que le roi blâma ses serviteurs et qu'il dit même que, sans son serment de ne jamais employer un Douglas, il aurait pris Archibald de Kilspindie à son service, attendu qu'il connaissait tout son mérite. Mais il ne lui en fit pas moins signifier de se retirer en France, où le pauvre Graysteil mourut bientôt après le cœur brisé de douleur. Le roi d'Angleterre, Henry VIII, qui n'était lui-même rien moins que clément, blâma l'extrême rigueur de Jacques dans cette occasion, et cita un vieux proverbe :

> Sur front de roi
> Que pardon soit.

# CHAPITRE XXIV.

CARACTÈRE DE JACQUES V. — IL ENTREPREND DE RÉPRIMER LES EXCÈS COMMIS PAR LES HABITANS DES FRONTIÈRES. — CHATIMENT DES COUPABLES. — AVENTURES DE JACQUES PARCOURANT SES ÉTATS DÉGUISÉ. — FÊTE DONNÉE PAR LE COMTE D'ATHOLE. — INSTITUTION DU COLLÈGE DE JUSTICE. — MINES D'OR D'ÉCOSSE. — ENCOURAGEMENS DONNÉS AUX LETTRES.

Délivré de la tutelle rigoureuse où le tenaient les Douglas, Jacques V commença à gouverner par lui-même, et il déploya la plupart des qualités d'un sage et bon roi. Il avait un extérieur agréable, et, comme Jacques IV, il aimait les exercices militaires et tout ce qui tenait à la chevalerie. Il hérita aussi de son père son amour pour la justice, et son désir d'établir et de mettre en vigueur des lois sages et équitables qui protégeassent les faibles contre l'oppression des grands. Ces lois, il était facile de les faire; mais ce qui ne l'était pas autant, c'était de les faire exécuter; et en essayant d'atteindre ce but honorable, Jacques encourut plus d'une fois le mécontentement de la haute noblesse. Il avait de l'instruction et des connaissances, et comme Jacques I$^{er}$, il était poète et musicien; mais il avait aussi ses imperfections. Il ne se livrait pas, comme son père, à de grandes profusions, n'ayant point trouvé de trésors accumulés qu'il pût employer en largesses, mais il tombait plutôt dans le défaut contraire, et était d'une parcimonie minutieuse. Ami des plaisirs, il portait l'économie jusque dans les moyens de satisfaire ses penchans. Quoique indulgent par caractère, lorsqu'on le provoquait il poussait alors le ressentiment jusqu'à la cruauté, et si quelque chose peut lui servir d'excuse, c'est le naturel farouche des sujets qu'il avait à gouverner. En un mot, il eut sans doute des faibles, mais ils furent plus que rachetés par ses vertus, et il mérita le titre de bon roi.

Son premier soin fut d'établir quelque ordre sur les frontières. Vous avez vu qu'elles étaient habitées par des clans ou tribus qui n'obéissaient qu'aux ordres de leurs Chefs. Ces Chefs représentaient le premier fondateur de la famille. L'attachement du clan pour son Chef était extrême; on n'aimait, on ne respectait que lui. Les habitans des frontières ressemblaient sous ce rapport aux montagnards; comme eux aussi, ils aimaient le pillage, et comme eux ils s'inquiétaient peu des lois du pays. Mais ils ne portaient pas de tartan, et combattaient presque toujours à cheval, tandis que les montagnards étaient toujours à pied. Vous vous rappelez aussi qu'ils parlaient écossais, et non point le gaëlique, qui était la langue des Highlands.

En butte par leur position à des guerres continuelles, ils ne songeaient à rien d'autre, et se réunissant en grand nombre, ils se répandaient indistinctement sur les terres des Anglais ou sur celles des Écossais. Ils respectaient peu les trèves et les traités de paix, mais exerçaient leurs déprédations dès qu'ils en trouvaient une occasion favorable, sans s'inquiéter des conséquences, ce qui souvent occasiona des guerres qui autrement n'auraient pas eu lieu. On dit des membres de l'une des plus grandes familles des frontières que, lorsqu'ils avaient consommé toutes leurs provisions et qu'il ne leur restait plus de troupeaux, on servait sur la table une paire d'éperons sur un plat couvert, afin d'annoncer par cet emblème qu'il fallait monter à cheval pour s'en procurer d'autres (1). Les Chefs dotaient leurs filles en raison du butin qu'ils parvenaient à faire pendant la durée d'une lune de Saint-Michel, parce que c'était l'époque où cet astre prêtait le plus long-temps sa clarté à leurs excursions redoutables. Braves en temps de guerre, ils étaient pendant la paix le fléau des Écossais leurs voisins. Leur insolence et leur insubordination

(1) Voyez dans les *Vues pittoresques d'Écosse*, l'histoire de Scott de Harden. — Ép.

ayant encore augmenté depuis les troubles qui avaient suivi la bataille de Flodden, Jacques V résolut de prendre contre eux les mesures les plus sévères.

Il commença par s'assurer de la personne des principaux Chefs qui encourageaient en secret le désordre. Le comte de Bothwell, lord Home, lord Maxwell, Scott de Buccleuch, Ker de Fairnyherst, et autres seigneurs puissans, qui auraient pu s'opposer aux projets du roi, furent saisis, et emprisonnés dans des forteresses séparées des basses-terres.

Jacques assembla alors une armée, et au milieu de ces apprêts guerriers, il parut ne s'occuper que des préparatifs d'une grande chasse, et fit dire à tous les gentilshommes des disctricts sauvages qu'il se proposait de parcourir, de lui amener leurs meilleurs chiens; comme si son unique projet avait été de courre le daim dans ces régions désolées. Il voulait par là empêcher les habitans des frontières de prendre l'alarme, et de se retirer dans leurs montagnes et dans leurs retraites escarpées, où il aurait été presque impossible de les poursuivre.

Ces malheureux, n'ayant aucune idée distincte des crimes qu'ils commettaient, ne voyaient pas en quoi ils pourraient avoir encouru le déplaisir un roi, et par conséquent étaient sans défiance. Les lois avaient été si long-temps muettes dans ces tristes provinces, que les outrages commis par le fort envers le faible semblaient dans l'ordre naturel de la société, et ne présentaient rien, aux yeux de ceux qui s'en rendaient coupables, qui fût digne de châtiment.

Ainsi, lorsque le roi, au commencement de son expédition, s'approcha du château de Piers Cockburn d'Hunderland, ce baron était occupé des apprêts d'un grand festin pour le recevoir, et ce fut dans ce moment même que Jacques le fit saisir et exécuter à l'instant. Adam Scott de Tushielaw, surnommé *le Roi de la frontière*, partagea le même sort. Mais un événement d'une plus grande importance, fut le trépas de John Armstrong de Gilnockie, près de Langleeholm.

Ce Chef, par ses déprédations continuelles, avait acquis un pouvoir considérable, et tous les Anglais des environs lui payaient le *black-mail* (1), espèce de tribut grace auquel il s'abstenait de les piller. Il avait une haute idée de son importance, et loin de penser qu'il avait mérité quelque châtiment, il vint au devant de son souverain à dix milles d'Hawick, près de la chapelle de Carlinrigg, revêtu de riches habits, et suivi de vingt-quatre gentilshommes qui formaient son cortège ordinaire, et dont le costume n'était pas moins brillant que le sien. Furieux de voir un chef de maraudeurs déployer tant de magnificence, le roi donna ordre de le conduire à l'instant au lieu du supplice, en disant : — Il ne manque à ce drôle qu'une couronne pour être aussi superbe qu'un roi. John Armstrong fit les offres les plus

---

(1) Black-mail : *tribut du voleur*, improprement appelé *contribution noire*. Blacken signifie *dérober*, et mail *impôt*, dans le dialecte écossais. — ÉD.

brillantes pour racheter sa vie, promettant d'entretenir à ses frais quarante hommes, qui seraient toujours prêts à servir le roi au premier signal, s'engageant à ne jamais faire aucun tort à un Écossais, ce que du reste on n'avait jamais pu lui reprocher, et disant qu'il n'y avait pas un seul homme en Angleterre, de quelque rang qu'il fût, soit duc, soit comte, soit baron, qu'il ne se chargeât, dans un certain espace de temps, de livrer au roi, mort ou vivant. Mais voyant que Jacques ne voulait écouter aucune de ses propositions, il dit en relevant fièrement la tête : — Je suis bien fou de demander grace à un homme implacable. Si j'avais pu prévoir que vous me réserviez un pareil traitement, je serais resté sur les frontières en dépit du roi d'Angleterre et de vous; car je suis certain que le roi Henry donnerait le poids de mon meilleur cheval en or pour savoir que je suis condamné à être exécuté aujourd'hui.

John Armstrong fut conduit avec sa suite au lieu du supplice, et ils furent tous exécutés sans pitié. Les habitans des basses-terres apprirent sa mort avec plaisir; mais il fut regretté sur les frontières, qui perdaient en lui un brave guerrier (1).

Telle fut l'impression de terreur répandue par ces exécutions générales, qu'on dit que Jacques avait si bien fait que « les buissons gardaient les vaches; » c'est-à-dire que, même dans ces cantons si sauvages, on

(1) Voyez dans les *Chants populaires d'Écosse*, la ballade d'Armstrong. — Éd.

n'osait plus s'approprier le bien d'autrui, et que les troupeaux pouvaient rester dans les pâturages sans qu'il fût nécessaire de les garder. Jacques put aussi tirer avantage des terres que la couronne possédait près des frontières, et il eut jusqu'à dix mille moutons paissant en même temps dans la forêt d'Ettrick, sous la surveillance d'André Bell, qui rendait au roi un aussi bon compte des produits du troupeau que s'il l'eût gardé dans l'enceinte du comté de Fife, qui était alors la partie la plus civilisée de l'Écosse.

D'un autre côté, la mort de tant de braves guerriers qui, malgré leur soif de pillage et d'indépendance, étaient des défenseurs intrépides de leur pays, affaiblit considérablement les frontières de l'Écosse, et l'on est en droit de blâmer Jacques d'avoir porté si loin une rigueur qui était jusqu'à un certain point impolitique, et qui dans tous les cas était excessive et barbare.

Jacques en agit de même à l'égard des chefs des Highlands; et à force d'exécutions, de confiscations, et d'autres mesures sévères, il réussit à faire plier sous le joug des lois les montagnards du nord comme il y avait assujetti ceux du sud. Il mit alors en liberté les Chefs qu'il avait retenus captifs de peur qu'ils n'eussent apporté quelque entrave à l'exécution de ses projets.

Ces barons remuans ne pouvant plus, après ce châtiment sévère, attaquer comme autrefois les châteaux et les propriétés les uns des autres, furent forcés, pour assouvir leur farouche animosité, de s'appeler en duel, et ces combats singuliers se livraient souvent en présence du roi, qui les autorisait. Ce fut ainsi que Douglas de Drumlanrigg et Charteris d'Amisfield se battirent devant Jacques, chacun ayant accusé l'autre de haute trahison : ils étaient tous deux à pied, armés de la redoutable claymore. Drumlanrirg, qui avait la vue un peu basse, et qui était dans une extrême fureur, donnait de grands coups à droite et à gauche sans voir où il frappait, et le laird d'Amisfield ne fut pas plus heureux, car son épée se brisa dans ses mains, sur quoi le roi ordonna que le combat cessât, et les combattans furent séparés, mais non sans peine. Le roi permettait ces sortes de duels en sa présence pour satisfaire ces barons indomptables et les engager à rester en paix ailleurs.

Jacques V était dans l'usage de courir le pays déguisé, afin de recueillir les plaintes qui autrement ne seraient point parvenues jusqu'à lui, et peut-être aussi pour jouir d'amusemens auxquels il n'aurait pu se livrer sous son caractère reconnu de roi. On dit que Jacques IV en faisait autant, et l'on cite plusieurs aventures qui leur arrivèrent dans des occasions semblables. Je vais vous en raconter quelques-unes ; elles pourront jeter quelque variété sur notre histoire.

Lorsque Jacques V voyageait incognito, il prenait un nom qui n'était connu que de quelques-uns des principaux officiers de sa suite. Il se faisait appeler le Fermier (*Goodman*, c'est-à-dire *farmer*) de Ballengiech. — Ballengiech est un sentier étroit et rapide, qui conduit dans la plaine derrière le château de Stirling. Un jour que le roi se proposait de dîner au château, il envoya chercher quelque venaison dans les montagnes voisines. Les daims furent tués, et chargés sur le dos des chevaux pour être transportés à Stirling. Malheureusement il fallait passer par le château d'Arnpryor, appartenant à un chef des Buchanans, qui donnait ce jour-là un grand festin. Il était tard; et les provisions commençaient à manquer à ses convives, quoiqu'on pût s'apercevoir aisément que le vin ne leur avait pas été épargné. Le Chef, voyant une si grande quantité de belle venaison passer sur ses domaines, s'en empara sans façon, et sur les représentations des chasseurs, qui lui dirent qu'elle appartenait au roi Jacques, il répondit insolemment que si Jacques était roi en Écosse, lui, Buchanan, était roi dans Kippen : c'était le nom du district dans lequel était situé le château d'Arnpryor.

Lorsque le roi apprit ce qui s'était passé, il monta à cheval, et se rendit à l'instant même au château de Buchanan, où il trouva un montagnard robuste et d'une figure rébarbative, qui, une hache sur l'épaule, faisait sentinelle à la porte. Ce garde farouche refusa de laisser entrer le roi, disant que le laird d'Arnpryor était à dîner, et qu'il n'aimait pas qu'on le dérangeât. — Montez toujours dans la salle du festin, mon bon ami, répondit Jacques, et dites que le Fermier de Ballengiech vient demander à dîner au roi de Kippen. Le montagnard entra tout en murmurant dans la maison, et dit à son maître qu'il y avait à la porte un homme à barbe rousse, qui se disait le fermier de Ballengiech, et qui prétendait qu'il venait pour dîner avec le roi de Kippen.

A ces mots, Buchanan reconnut que c'était le roi en personne, et courant se jeter aux genoux de Jacques, il le pria d'excuser l'insolence de sa conduite, qu'il ne devait attribuer qu'aux fumées du vin. Le roi, qui n'avait voulu que lui faire peur, lui pardonna volontiers, et entrant dans le château il fit honneur à la venaison que Buchanan avait interceptée. Depuis ce temps Buchanan d'Arnpryor fut toujours appelé le roi de Kippen.

Dans une autre occasion, le roi Jacques, étant seul et déguisé, eut une querelle avec quelques bohémiens ou autres vagabonds qu'il avait rencontrés sur la route, et fut assailli par quatre ou cinq d'entre eux. Heureusement c'était près du pont de Cramond; de sorte que le roi parvint à gagner le pont, qui, étant élevé et très-étroit, lui permit de se défendre avec son épée contre le nombre de ses agresseurs. Un pauve homme qui battait du blé dans une grange voisine sortit en entendant du bruit; et voyant un homme seul attaqué par plusieurs, il prit généreusement son parti, et fit jouer si bien son fléau, que les bohémiens furent obligés de prendre la fuite. Alors le laboureur fit entrer le roi dans la grange, lui donna de l'eau et une serviette pour laver le sang qui lui couvrait les mains et la figure, et finit par le conduire un bout de chemin sur la route d'Édimbourg, de crainte qu'il ne fût attaqué de nouveau. Chemin faisant, le roi demanda à son compagnon comment il se nommait et ce qu'il faisait. Le laboureur répondit qu'il s'appelait John Howieson, et qu'il était attaché à la ferme de Brachead, près de Cramond, qui appartenait au roi d'Écosse. Jacques demanda alors au pauvre homme s'il y avait quelque chose au monde qu'il désirât particulièrement, et l'honnête John avoua qu'il se croirait l'homme le plus heureux d'Écosse, s'il était tant seulement le propriétaire de la ferme où il ne travaillait que comme homme de peine. Alors il demanda à son tour au roi qui il était, et Jacques répondit, suivant son usage, qu'il était le fermier de Ballengiech, pauvre diable qui avait une petite place au palais; mais il ajouta que si John Howieson voulait venir le voir le dimanche suivant, il s'efforcerait de reconnaître le service qu'il lui avait rendu, en lui donnant au moins le plaisir de voir les appartemens du roi.

John, comme vous pouvez croire, mit ses plus beaux habits, et se présentant à une porte de derrière du palais, il demanda le fermier de Ballengiech. Le roi avait donné ordre qu'il fût admis, et John trouva sa nouvelle connaissance dans le même costume qu'il lui avait vu porter quelques jours auparavant. Jacques, continuant à jouer le rôle d'un officier subalterne de sa maison, conduisit John Howieson de salle en salle dans tout le palais, et s'amusa beaucoup de sa surprise et de ses remarques. Lorsqu'il lui eut tout montré, il lui demanda s'il aimerait à voir le roi; à quoi John répondit que rien au monde ne lui ferait autant de plaisir, s'il pouvait l'apercevoir sans que le roi en fût mécontent. Le fermier de Ballengiech lui promit naturellement que le roi ne se fâcherait pas. — Mais, dit John, comment le distinguerai-je des seigneurs qui seront autour de lui? — Rien de plus facile, répondit son compagnon, tous les autres auront la tête découverte; le roi seul gardera sa toque.

En disant ces mots, Jacques introduisit le paysan dans une grande salle qui était remplie de gentilshommes et d'officiers de sa maison. John fut un peu effrayé, et il se serra contre son conducteur; mais il avait beau ouvrir de grands yeux, il ne pouvait distinguer le roi. — Je vous ai dit, lui répéta son guide, que vous le reconnaîtriez à ce qu'il aurait sa toque sur sa tête. — Alors, dit John après avoir regardé tout autour de la salle, il faut que ce soit vous ou moi, car nous sommes les seuls qui n'ayons pas la tête découverte (1).

Cette réponse fit beaucoup rire le roi, et voulant que le bon paysan eût aussi sujet de se réjouir, il lui fit présent de la ferme de Brachead, qu'il avait montré tant de désir de posséder, à condition que John Howieson et ses descendans présenteraient au roi un bassin et une aiguière, toutes les fois que Sa Majesté viendrait au palais d'Holyrood, ou traverserait le pont de Cramond. Aussi, en 1822, lorsque Georges IV vint en Écosse, le descendant de John Howieson de Brachead, qui possède encore la ferme qui fut donnée à son aïeul,

---

(1) C'est ainsi que le roi se fait reconnaître à la Dame du Lac. Ce trait, que nous attribuons aussi au plus populaire de nos rois, justifierait seul le surnom de Henry IV de l'Écosse donné quelquefois à Jacques V. — Éd.

parut au milieu d'une grande fête, et offrit à Sa Majesté de l'eau dans une aiguière d'argent, pour remplir la condition sous laquelle ces terres avaient été accordées à sa famille.

Jacques V était passionné pour la chasse, et lorsqu'il se livrait à cet amusement favori dans les Highlands (1), il avait coutume de porter l'habillement particulier du pays, ayant une jaquette de velours tartan, un plaid et des bas semblables, et tous les autres accessoires de rigueur. Les registres de son chambellan, qui ont été conservés, en font foi.

Un jour que, dans une de ces parties de chasse, le roi était accompagné d'un légat du pape, le comte d'Athole leur donna une fête superbe dans un palais rustique d'une immense grandeur, qu'il avait fait construire exprès. Ce palais était en bois, il s'élevait au milieu d'une grande prairie, et était entouré de fossés remplis des poissons les plus délicats. Il était flanqué de tours, comme si c'eût été un château régulier, et contenait un grand nombre d'appartemens remplis d'arbustes et jonchés de fleurs, de manière qu'en les traversant on croyait se promener au milieu d'un jardin. Du gibier de toute espèce et les provisions les plus variées s'y trouvaient réunis, avec un grand nombre de cuisiniers pour les préparer, ainsi que les vins et les épices les plus recherchés. L'ambassadeur italien ne revenait pas de sa surprise, de trouver au milieu de rochers et de

(1) Voyez le premier chant de la *Dame du Lac*. — Éd.

déserts, qui semblaient être les dernières limites du monde, un palais si magnifique et des mets si somptueux. Mais ce qui l'étonna encore bien davantage, ce fut de voir les montagnards mettre le feu au palais de bois dès que la chasse fut terminée et que le roi fut prêt à partir. — Tel est l'usage constant de nos montagnards, dit Jacques à l'ambassadeur; quelque bien logés qu'ils puissent être pendant la nuit, ils brûlent toujours leur maison avant de la quitter. Le roi, par ces paroles, faisait allusion à la vie errante et aux habitudes de déprédation et de pillage de ces montagnards.

Le règne de Jacques V n'est pas seulement remarquable par les aventures personnelles qui lui arrivèrent; il l'est bien plus encore par les lois sages qu'il rendit pour gouverner ses sujets et pour réprimer les crimes et les actes de violence qui n'étaient que trop communs parmi eux, tels que l'assassinat, les incendies de maisons, les vols de bestiaux, moyens prompts et faciles de se venger de ses ennemis, auxquels les grands avaient sans cesse recours.

Pour la décision des affaires civiles, Jacques V institua et fonda ce qu'on appelle le Collège de Justice, qui est la Cour Suprême d'Écosse. Elle était composée de quatorze juges et d'un président, qui entendaient les causes et rendaient les arrêts. Un certain nombre d'hommes instruits, élevés dans l'étude des lois, étaient chargés de défendre les intérêts de ceux qui avaient des procès à soutenir devant ces juges, et formaient ce qu'on appelle la Cour de Session. Ces hommes prirent le nom d'avocats, et telle fut l'origine d'un corps qui a toujours été très-considéré en Écosse, et d'où sont sortis beaucoup de grands hommes.

Jacques V s'occupa beaucoup d'améliorer sa marine, et il entreprit, ce qui alors n'était pas sans danger, de faire sur mer le tour de l'Écosse, faisant dresser en même temps une carte exacte des différentes côtes, baies, îles, havres et rades de son royaume, dont beaucoup n'étaient pas connus de ses prédécesseurs, même de nom.

Ce prince actif et éclairé ne négligea pas non plus les richesses minérales de l'Écosse. Il fit venir d'Allemagne des mineurs qui tirèrent de l'or et de l'argent des mines de Leadhils, dans la partie supérieure du Clydesdale. L'or était d'une belle qualité, et l'on en trouva une quantité suffisante pour en frapper une très-jolie monnaie qu'on appela *pièce-à-toque* ( Bonnet-pièce ), parce qu'elle portait l'effigie de Jacques V avec une toque sur la tête.

On rapporte qu'un certain jour le roi invita les ambassadeurs de France, d'Espagne et d'autres royaumes, à une grande partie de chasse dans Crawford-Moor, nom du district où sont situées les mines dont nous venons de parler. On dîna dans le château Crawford, vieille forteresse assez grossière. Le roi pria ses hôtes d'excuser la simplicité du dîner, qui ne se composait que du gibier qu'ils avaient tué le matin; mais il leur promit que le dessert les dédommagerait, ayant donné ordre qu'il se composât des plus beaux fruits qui se trouvaient dans le pays. Les étrangers se regardèrent l'un l'autre d'un air de surprise en entendant le roi parler de fruits qui venaient au milieu de sombres marais et de montagnes arides. Mais le dessert ne tarda pas à paraître, et l'on apporta un certain nombre de plats couverts, dont un fut placé devant chaque convive. En les découvrant, les ambassadeurs virent qu'ils étaient remplis de *pièces-à-toque* en or, que le roi les pria d'accepter comme les fruits que produisaient les montagnes de Crawford-Moor. Ce dessert d'une nouvelle espèce ne plut pas moins sans doute que s'il se fût composé des fruits les plus délicats du midi. Ces mines ne sont plus exploitées que pour le plomb dont elles produisent toujours une grande quantité.

Quoique Jacques fût, comme nous l'avons dit, très-économe, il ne négligea pas les beaux-arts. Il fit rebâtir le palais de Linlithgow, dont le plan est d'une grande magnificence, et il agrandit celui de Stirling. Il encouragea les poètes et les savans qui brillèrent sous son règne, et mena joyeuse vie. Il avait lui-même du goût pour la poésie, et il accorda une grande liberté aux rimeurs de son temps, en leur permettant de lui adresser des vers qui contenaient souvent la censure de son administration, et quelquefois même de sa conduite.

Jacques encouragea aussi les lettres, mais il se laissa tromper par un étranger qui prétendait avoir l'art de faire de l'or. Du reste cet homme, qui était ou un fou ou un imposteur, se perdit en voulant fabriquer une paire d'ailes à l'aide desquelles il se proposait de s'envoler de la terrasse du château de Stirling. Il le tenta effectivement; mais ses ailes n'ayant pas produit l'effet qu'il s'en était promis, il s'abattit un peu brusquement dans la plaine, et se cassa la cuisse.

Comme le royaume d'Écosse, à l'exception d'une guerre très-courte et peu importante avec l'Angleterre, jouit d'une grande tranquillité presque jusqu'à la fin du règne de Jacques, et que ce monarque était un prince actif et prudent, il semblait présumable que lui du moins éviterait les infortunes qui semblaient poursuivre le nom de Stuart. Mais un grand changement qui eut lieu à cette époque entraîna Jacques V dans une position aussi critique que celle d'aucun de ses prédécesseurs.

# CHAPITRE XXV.

ABUS DE L'ÉGLISE DE ROME. — RÉFORMATION EN ANGLE-
TERRE ET EN ÉCOSSE. — GUERRE AVEC L'ANGLETERRE.
— MORT DE JACQUES V.

Vous vous rappelez, mon cher enfant, que Jacques V était neveu de Henry VIII, roi d'Angleterre, Marguerite sa mère étant sœur de ce monarque. Cette parenté, et peut-être la politique de Henry, qui savait qu'il était dans l'intérêt des deux pays de rester en paix l'un avec l'autre, prévinrent pendant plusieurs années le renouvellement des guerres désastreuses qu'ils s'étaient si long-temps livrées. La bonne intelligence aurait sans doute été plus complète encore sans le changement général et important qui s'opéra alors dans les affaires religieuses, et qui est appelé dans l'histoire la Réformation. Il faut que je vous explique en peu de mots la nature de ce changement; autrement vous ne pourriez comprendre les conséquences qui en résultèrent.

Après la mort de notre divin Sauveur, la doctrine qu'il avait prêchée fut établie à Rome, capitale du grand empire romain, par l'apôtre saint Pierre, que les catholiques appellent pour cette raison le premier évêque de Rome. Dans la suite des temps, les évêques de Rome, ses successeurs, prétendirent avoir une autorité directe sur tous les autres membres de la chrétienté. Des hommes bons et vertueux, par respect pour la religion qu'ils avaient adoptée, admirent ces prétentions sans y regarder de très-près (1). A mesure que le christia-

(1) Sir Walter Scott est né dans l'église presbytérienne, il ne faut pas l'oublier dans le cours de cette discussion.

La vieille querelle de Genève et de Rome ne saurait finir de sitôt dans la Grande-Bretagne, où il s'agit, pour l'honneur du pays, de trouver quelques excuses à la barbare persécution qui pèse sur les ilotes catholiques de l'Irlande. Comme Tory, l'auteur n'ose pas avouer que l'anglicanisme n'obtient pas aux yeux des presbytériens plus de grace que le catholicisme; mais pour rompre une lance en faveur de la réforme, il feint surtout d'ignorer que sur le continent il existe une véritable différence entre le papisme et le catholicisme proprement dit. Les libertés de l'Église gallicane prouvent que l'on peut être bon catholique sans être ultramontain. La hiérarchie du christianisme a ses restrictions; le respect pour le pape n'est pas une servitude, il y a appel de ses bulles. Il est bien plus servile de regarder le souverain politique, ainsi que font les anglicans, comme le directeur du culte et même des consciences, que d'accorder à l'évêque de Rome une suprématie

nisme se répandit, les empereurs et les rois qui l'embrassèrent signalèrent leur piété en comblant de biens l'Église, et en particulier les évêques de Rome, qui finirent par avoir des possessions et des domaines considérables comme princes temporels, tandis qu'en leur qualité de prêtres ils prenaient le nom de pape, et s'arrogeaient une autorité pleine et entière sur tout l'univers chrétien. Les peuples dans ce temps-là étaient plongés dans une grande ignorance; le peu d'instruction qui restait encore se trouvait dans le clergé, qui avait le loisir d'étudier, tandis que les laïques ne savaient guère que se battre et se divertir.

Les papes s'étant constitués chefs de l'Église, se mirent par degrés à introduire dans la morale simple et sublime de l'Évangile d'autres doctrines qui n'étaient ni en rapport ni en harmonie avec l'esprit du christianisme, et qui toutes tendaient à étendre le pouvoir des prêtres sur les esprits et sur les consciences des autres hommes. Il ne fut pas difficile aux papes de faire ces altérations; car, se disant les successeurs visibles de saint Pierre, ils prétendaient qu'ils étaient aussi infaillibles que l'apôtre lui-même, et que tout ce qu'ils

---

factice. Les jésuites n'entendent peut-être pas ainsi le catholicisme; mais ils sont à la masse des catholiques ce que les méthodistes sont aux protestans. Il faut juger les majorités : les Anglais paient encore la dîme, et le serment du sacre de leurs rois menace encore les *catholiques* d'extermination; la dîme est abolie dans la France catholique, et ne pourrait être rétablie sans une révolution. La pairie et la chambre des députés se recrutent sans subir le serment du *test*, etc. Dieu nous garde du protestantisme anglais!

Éd.

publiaient dans leurs ordonnances, qu'ils appelaient bulles, devait être cru par tous les fidèles avec la même foi que s'ils le lisaient dans les saintes Écritures elles-mêmes. Nous citerons deux ou trois de ces innovations.

Quelques hommes pieux, dans les premiers temps du christianisme, s'étaient retirés du monde pour adorer Dieu dans la solitude. Ils travaillaient pour gagner leur vie, faisaient des aumônes aux pauvres, employaient leurs momens de loisir en pratiques de dévotion, et étaient justement respectés. Mais insensiblement, lorsque des ames charitables se cotisèrent pour soutenir les associations de ces saints hommes, qu'on légua des biens aux monastères ou aux couvens dans lesquels ils vivaient, et qu'ils finirent par se trouver dans l'opulence, les moines, comme on les appelait, s'écartèrent de la simplicité de leur ordre, et négligèrent de pratiquer les vertus qui les avaient distingués jusqu'alors. Un autre inconvénient des revenus excessifs de ces couvens, c'est qu'ils servirent à entretenir une congrégation d'hommes inutiles, qui, sous prétexte de se livrer à des exercices de piété, se dérobaient aux affaires du monde et à tous les devoirs domestiques qui leur étaient imposés (1).

Ce fut aussi dans ce temps d'ignorance que fut intro-

(1) L'auteur convient que la vie monastique a une origine pure et respectable : les catholiques conviennent de leur côté que des abus peuvent se glisser dans les meilleures institutions. C'étaient ces abus, s'il y en avait, qu'il fallait chercher à réprimer, comme l'Église y a travaillé dans tous les siècles. —
( *Note du traducteur.* )

duit le culte des saints, culte que rien n'autorise dans les Écritures. Il est naturel que nous respections la mémoire d'une personne éminemment vertueuse, et que nous attachions du prix à tout ce qui lui a appartenu. Mais l'Église romaine ne se contenta pas d'autoriser les fidèles à adorer les reliques d'un saint personnage, elle alla jusqu'à attribuer à ces reliques la vertu de guérir des maladies, et d'opérer d'autres miracles qui révoltent le simple bon sens, leur donnant ainsi le pouvoir qui n'appartient qu'à Dieu, de changer ces lois naturelles que sa sagesse a créées. Le culte des saints fut encouragé, fut prescrit comme celui d'une sorte de divinités du second ordre, dont l'intercession pouvait nous être utile auprès de Dieu, quoiqu'il soit dit expressément dans l'Évangile que Notre Seigneur Jésus-Christ est notre seul médiateur (1); et non-seulement la vierge Marie, les apôtres, et presque toutes les personnes dont il est parlé dans les Évangiles, furent érigés en saints par les catholiques, mais une foule d'autres, parmi les-

(1) Dans toutes les religions, y compris l'anglicanisme et le presbytérianisme moderne, l'intelligence bornée du peuple s'attache de préférence aux images sensibles des pratiques religieuses qu'au sens abstrait du dogme. Jésus-Christ doit être notre seul médiateur; mais les saints sont comme une personnification de ses mérites : leur intercession n'est pas complètement abolie dans le culte des protestans, les noms de leurs églises l'attestent; mais ils en ont restreint le nombre et proscrit les images. Cet ostracisme dirigé contre le ciel, cette prétendue haine de l'idolâtrie, si funeste aux arts en Angleterre, fut et sera toujours plutôt une réaction contre les catholiques qu'une réforme raisonnée dans la religion : cela est si vrai, que pour l'excuser les anglicans sont forcés d'exagérer les abus du culte des saints. — ÉD.

quels il s'en trouve qui n'ont jamais existé, furent ce qu'on appelait canonisés, c'est-à-dire déclarés saints par les papes, et eurent des autels et des églises érigées en leur honneur. Des tableaux et des statues, représentant ces prétendus saints, furent exposés dans les églises, et reçurent l'hommage qui, d'après le second commandement, ne doit être rendu à aucune image ni à aucune idole (1).

D'autres doctrines encore, telles que le jeûne à de certains jours, et de s'abstenir de tels ou tels alimens, furent introduites successivement dans la religion catholique, quoique contraires à l'Évangile (2).

Mais l'innovation la plus importante, et en même temps la plus lucrative pour les prêtres, fut l'établisse-

---

(1) Si on exigeait que les *Commandemens* fussent observés à la lettre, le culte protestant subirait de nombreuses réformes : il s'agit ici d'accuser les catholiques d'idolâtrie. Nous en appelons encore aux catholiques éclairés, ou, pour rétorquer l'argument, nous chercherions nos juges parmi les *bonnes-femmes* du protestantisme. Le culte de *l'image* elle-même est une absurdité aux yeux du catholique, comme la croyance aux remèdes magiques aux yeux de l'Anglais instruit. — Éd.

(2) Le vrai jeûne est l'abstinence du péché. Quant au jeûne proprement dit, il faut faire la part de l'hygiène dans les ordonnances de l'Église. Dans quelle saison arrive le carême ? Pourquoi Moïse défendit-il le porc aux Israélites ? Aussi que d'indulgence de la part de l'Église catholique pour toutes ces pratiques ! L'auteur prétend que le jeûne est contraire à l'Évangile ! Jésus-Christ a jeûné lui-même quarante jours dans le désert, et a prescrit des règles pour que le jeûne fût utile. — Éd.

ment de la doctrine que l'Église, ou, en d'autres termes, le prêtre, avait le pouvoir de pardonner les péchés qui lui étaient confessés, à charge par le pécheur de faire telle pénitence que le prêtre lui imposait. On était donc obligé de se confesser à un prêtre pour obtenir le pardon de ses fautes, et la pénitence prescrite était plus ou moins sévère, suivant le degré de l'offense. Mais, en général, on pouvait se dispenser de ces pénitences, pourvu que l'on payât à l'Église une certaine somme d'argent (1), source perpétuelle et très-féconde de revenus, qui étaient encore augmentés par la croyance au purgatoire.

Nous n'avons pas le droit, d'après l'Écriture, de croire à l'existence d'un état intermédiaire entre le ciel, lieu de délices, où les bons sont admis aussitôt après leur mort, et l'enfer, lieu de châtiment éternel, où les méchans sont relégués avec le diable et ses anges. Mais les prêtres catholiques en imaginèrent un qu'ils appelèrent purgatoire. Ils supposèrent qu'une grande partie, ou plutôt que la plus grande partie des hommes, n'avaient pas une piété assez solide pour mériter de passer immédiatement à un état de bonheur sans fin, avant d'avoir subi un châtiment quelconque, sans que cepen-

(1) Il y a eu sans doute d'énormes abus dans la distribution des indulgences; aussi était-ce l'un des principaux argumens des réformateurs. Mais la doctrine des indulgences, telle qu'elle est enseignée par l'Église, ne donne point la liberté de faire le mal, n'est pas un motif d'encouragement aux désordres, comme l'auteur le suppose un peu plus loin; car l'Église exige toujours la pénitence, quoiqu'elle en diminue la rigueur.

(*Note du traducteur.*)

dant ils fussent assez dépravés pour encourir une damnation éternelle. C'est dans l'intérêt de cette classe nombreuse qu'ils inventèrent l'état intermédiaire du purgatoire, lieu de châtiment où presque tous ceux qui n'étaient pas condamnés à l'enfer même étaient renfermés pendant un laps de temps plus ou moins considérable, suivant le nombre et la grandeur de leurs péchés, avant d'être admis dans le ciel (1). Mais voici où était le point essentiel de la doctrine. L'Église avait le pouvoir d'obtenir par ses prières le pardon des ames détenues dans le purgatoire, et de leur faire ouvrir les portes de ce lieu de torture plus tôt qu'elles n'en seraient sorties sans son intercession. Ceux donc à qui leur conscience disait qu'ils méritaient de rester long-temps dans ce séjour d'expiation, laissaient de grandes sommes à l'Église afin qu'elle priât pour la délivrance de leurs ames. De la même manière, les enfans faisaient dire des messes pour leurs pères et mères; les veuves en faisaient autant pour leurs maris décédés, les maris pour leurs femmes. Toutes ces messes et toutes ces prières ne pouvaient

(1) Voyez sur ces objections les écrits de Bossuet, et depuis Bossuet, ceux du cardinal de la Luzerne. La prière pour les morts, qui est de toute antiquité dans l'Église, suppose le lieu des peines expiatoires pour ceux qui n'ont pas pleinement satisfait à la justice divine. Rien de plus juste, de plus consolant, de plus conforme à la charité que la doctrine du purgatoire, que cet état intermédiaire, où, comme le dit l'auteur, les chrétiens expient pendant un temps limité les fautes que la mort les a empêchés d'expier sur la terre. Ces chrétiens morts en état de grace ne peuvent être damnés; ils ne peuvent entrer dans le ciel, où rien d'impur ne saurait être admis : où placer ces ames, sinon dans un état intermédiaire ?  (*Note du traducteur.*)

s'obtenir que pour de l'argent, et tout cet argent allait aux prêtres.

Mais le pape et son clergé allèrent encore plus loin; et non-seulement ils vendirent le pardon du ciel à ceux qui avaient commis des péchés, mais ils leur accordèrent même (toujours en payant) la liberté de transgresser les lois de Dieu et de l'Église. C'était ce qu'on appelait indulgences, parce que ceux qui les achetaient avaient le privilège de pouvoir se livrer librement à tous les vices, à tous les désordres, sans être exposés, disait-on, à la colère divine.

Pour soutenir cet échafaudage extraordinaire de superstition, le pape s'arrogea les pouvoirs les plus étendus, jusqu'à celui de priver les rois de leurs trônes, en lançant sur eux une sentence d'excommunication qui déclarait leurs sujets dégagés de leur serment d'allégeance, et libres de se soulever contre leur souverain et de le mettre à mort. Dans d'autres temps le pape prit sur lui de donner les états du prince excommunié à quelques voisins ambitieux. La règle de l'Église romaine était aussi sévère pour les simples particuliers que pour les monarques. Si un laïque lisait la Bible, il passait pour commettre un grand crime; car les prêtres savaient bien que la lecture des saintes Écritures ferait ouvrir les yeux sur l'extravagance de leurs prétentions (1). Qui-

---

(1) Qu'un protestant, n'importe de quelle secte, lise cinq ou six chapitres de suite de la *Bible*, et qu'il dise franchement s'il en permettrait la lecture à sa fille. — Éd.

conque avait l'audace de ne pas croire les doctrines enseignées par l'Église romaine, ou d'en professer qui ne fussent pas les siennes, était regardé comme hérétique, mis en jugement, et exposé à l'horrible supplice d'être brûlé vivant, supplice qui était infligé sans miséricorde pour l'expression la plus légère qui approchait de ce que les papistes appellent hérésie (1).

Ce pouvoir extraordinaire et tyrannique sur les consciences fut usurpé pendant ce qu'on appelle les ténèbres du moyen âge, parce qu'alors les hommes n'étaient pas éclairés par les lumières de l'instruction et du savoir. Mais la découverte de l'imprimerie commença, dans le quinzième siècle, à développer les idées. La Bible, jusqu'alors restée exclusivement dans les mains du clergé, se répandit davantage, et fut lue généralement; et des hommes sages et éclairés en Suisse et en Allemagne se firent une étude de dévoiler les erreurs et les altérations introduites par le saint siège. Ils démontrèrent que le culte des saints était une idolâtrie; les pardons et les indulgences, un encouragement au vice, une porte ouverte à tous les désordres; la doctrine du purgatoire, un moyen adroit d'extorquer de l'argent; et les préten-

---

(1) La religion a malheureusement servi plus d'une fois de prétexte aux passions humaines les plus féroces. L'intolérance est de tous les cultes, parce que l'homme aime partout à se mettre à la place de Dieu. Calvin fit brûler Servet, les bûchers de Henry VIII avaient précédé ceux de Marie. Les réactions de l'anglicanisme contre le presbytérianisme, *et vice versâ*, ne furent pas moins sanglantes que les persécutions contre les catholiques. La religion bien entendue prêcha toujours la tolérance et la charité. — Éd.

# HISTOIRE DE LA RÉFORMATION. 175

tions du pape à l'infaillibilité, une usurpation coupable des attributs qui n'appartiennent qu'à Dieu seul. Ces nouvelles opinions furent appelées les doctrines de la réformation, et le nombre de ceux qui les embrassèrent augmenta de jour en jour. Les prêtres catholiques romains cherchèrent à défendre les dogmes de leur église par des argumens ; mais comme c'était une entreprise difficile, ils cherchèrent, dans la plupart des pays de l'Europe, à les soutenir par la force. Mais les réformateurs trouvèrent des protecteurs dans différentes parties de l'Allemagne. Leur nombre semblait s'accroître au lieu de diminuer, et tout annonçait une grande révolution dans le monde chrétien.

Henry VIII, roi d'Angleterre, avait quelque instruction, et il ne put résister au désir de la montrer dans cette controverse. Étant, dans le commencement de son règne, attaché sincèrement à l'Église romaine, il écrivit un traité pour défendre ses doctrines contre Martin Luther, l'un des principaux réformateurs. Le pape fut si satisfait de cet excès de zèle, qu'il donna au roi le titre de Défenseur de la Foi, titre que les successeurs de Henry continuent à prendre, quoique dans un sens bien différent de celui dans lequel il leur avait été donné (1).

A présent il est bon de vous dire que Henry était

(1) Nous ne saurions trop le répéter, c'est une règle établie en Angleterre de nourrir les préjugés nationaux contre le catholicisme. La philosophie n'a rien à voir dans cette guerre, elle est toute au profit de la plus haineuse intolérance. — Éd.

marié à une très-bonne princesse, nommée Catherine, qui était fille du roi d'Espagne et sœur de l'empereur d'Allemagne. Elle avait été fiancée, dans sa jeunesse, à Arthur, frère aîné de Henry; mais ce prince étant mort, et Henry étant devenu l'héritier du trône, c'était lui qui avait épousé Catherine. Leur mariage datait déjà d'assez loin, et Catherine avait eu une fille, Marie, qui semblait devoir être l'héritière de la couronne d'Angleterre. Mais Henry finit par devenir amoureux d'une fille d'honneur de la reine, qui se nommait Anne de Boulen, et il n'eut plus d'autre désir que d'être délivré de Catherine, et d'épouser cette jeune beauté. A cet effet, il s'adressa au pape pour obtenir son divorce, sous prétexte que la reine, avant de l'épouser, avait été fiancée à son frère aîné. C'était, à ce qu'il lui semblait, comme s'il eût épousé la femme de son frère, et il priait le pape de dissoudre son mariage, qui, disait-il, donnait beaucoup d'inquiétude à sa conscience. La vérité était que sa conscience ne l'aurait nullement tourmenté, s'il n'avait voulu épouser une autre femme plus jeune et plus belle que la sienne.

Le pape aurait bien voulu, sans doute, accéder aux désirs de Henry, et ses prédécesseurs avaient souvent accordé de plus grandes faveurs à des personnages moins illustres; mais Catherine était la sœur de Charles-Quint, qui était à la fois empereur d'Allemagne et roi d'Espagne, et l'un des princes les plus sages et en même temps les plus puissans de la chrétienté. Le pape, qui avait besoin de Charles pour s'opposer aux progrès de la réformation, n'osa permettre un divorce qui eût été pour ce prince un affront sanglant. Sa Sainteté évita donc de donner une réponse précise au roi d'Angleterre, la remettant de jour en jour, de semaine en semaine et d'année en année. Mais il en résulta un danger que le pape n'avait pas prévu.

Henry VIII, prince bouillant et irascible s'il en fut jamais, voyant que le pape se jouait de lui, résolut de secouer entièrement son autorité. Il commença par déclarer que le pape n'était rien en Angleterre ; que c'était lui qui était le seul chef de l'église anglicane, et que ni lui ni ses sujets n'avaient rien à démêler avec l'évêque de Rome. Beaucoup des évêques et des prêtres de l'église anglicane adoptèrent les principes de cette réforme, et tous désavouèrent l'autorité suprême jusqu'alors attribuée au pape.

Mais le plus grand coup porté à l'autorité papale fut la dissolution des monastères ou maisons religieuses, comme on les appelait. Le roi s'empara des couvens, confisqua tous les biens dont ils étaient dotés, et, distribuant leurs richesses aux grands seigneurs de sa cour, il ferma pour toujours ces grands établissemens, et posa une barrière insurmontable au rétablissement de la religion catholique, en intéressant tant de personnes à ce qu'elle ne pût jamais se relever.

Les motifs de la conduite de Henry VIII n'étaient nullement honorables, mais ils produisirent les conséquences les plus importantes et les plus salutaires, puisque à dater de cette époque, excepté pendant le règne très-court de sa fille aînée, l'Angleterre fut à jamais délivrée de toute dépendance du pape, et des doctrines superstitieuses de la religion catholique romaine.

Maintenant, pour en revenir à l'histoire d'Écosse, il faut que vous sachiez qu'un des principaux désirs de Henry était de persuader à son neveu, le jeune roi d'Écosse, de faire à la religion dans son pays le même changement qui avait été introduit en Angleterre. Henry, si nous en croyons les historiens écossais, lui fit les offres les plus brillantes pour l'engager à suivre son exemple. Il lui proposa la main de sa fille Marie, avec le titre de duc d'York, et témoigna le plus vif désir d'avoir une entrevue personnelle avec son neveu dans le nord de l'Angleterre, pour l'établissement d'une paix durable entre les deux pays.

Il y a des motifs de croire que Jacques eut pendant un certain temps un penchant pour les doctrines de la réformation. Du moins il encouragea un poète écossais, sir David Lindesay du Mont, et le célèbre docteur Georges Buchanan, à composer quelques satires vigoureuses contre la corruption de l'Église catholique romaine. Mais le roi était loin d'être réellement disposé à se séparer de l'église de Rome. Il craignait la puissance de l'Angleterre et le caractère hautain, emporté et farouche de Henry, qui rebutait son neveu par la violence imprudente avec laquelle il le pressait de marcher sur ses traces. Ce qui détermina Jacques à rester fidèle à la foi catholique, ce fut la considération que toute l'instruction, toutes les connaissances se trouvaient concentrées dans les membres du clergé; ce qui les rendait beaucoup plus propres à remplir les hautes fonctions de l'état et à l'aider dans l'administration des affaires publiques, que les nobles, qui joignaient à une ignorance profonde une fierté, une arrogance et une ambition excessive.

L'archevêque Beaton, dont nous avons eu déjà occasion de parler, et son neveu David Beaton, qui par la suite devint cardinal, jouissaient de toute la faveur du roi, et ils ne durent pas manquer d'employer l'influence qu'ils avaient sur son esprit, pour empêcher qu'il ne suivît l'exemple de son oncle Henry en ce qui concernait les affaires religieuses.

Ce fut sans doute la même influence qui le détermina à chercher une épouse en France plutôt qu'en Angleterre; car il était naturel que le clergé catholique, que Jacques consultait, écartât, par tous les moyens qui étaient en son pouvoir, toute alliance intime avec Henry, l'ennemi mortel du saint siège. Jacques fit donc un voyage en France, et il obtint la main de Madeleine, fille de François I$^{er}$, avec une dot considérable. Cette princesse fut reçue avec de grandes démonstrations de joie lors de son débarquement à Leith, et les fêtes qu'on lui donna furent aussi brillantes que le permettait l'état de pauvreté où se trouvait le pays. Mais la jeune reine était d'une mauvaise santé, et elle mourut quarante jours après son mariage.

Après la mort de cette princesse, le roi, penchant

toujours pour la France, épousa Marie de Guise, fille du duc de Guise, s'alliant ainsi à une famille fière, ambitieuse, et attachée avec le zèle le plus fanatique à la cause du catholicisme. Cette alliance contribua, sans aucun doute, à augmenter l'éloignement de Jacques pour tout changement dans la religion de l'état.

Mais quels que fussent les sentimens personnels du souverain, ceux des sujets tendaient graduellement de plus en plus à la réforme. L'Écosse avait alors quelques savans éclairés qui avaient étudié sur le continent, où ils avaient appris et embrassé les doctrines du grand réformateur Calvin. A leur retour dans leur patrie, ils rapportèrent avec eux des exemplaires de l'Écriture sainte, et ils furent en état d'expliquer à fond la controverse qui s'était élevée entre les protestans, comme on les appelle aujourd'hui, et les catholiques romains. Beaucoup d'Écossais de toutes les classes se convertirent aux nouvelles doctrines.

Les ministres et les conseillers papistes du roi crurent devoir employer la violence pour arrêter ces exemples contagieux. Plusieurs personnes furent incarcérées, jugées devant la cour spirituelle de l'évêque de Saint-André, et condamnées aux flammes. La modestie et la retenue que ces hommes montrèrent pendant leur jugement, la patience avec laquelle ils endurèrent les souffrances d'une mort terrible, tandis qu'ils protestaient en même temps de leur croyance aux doctrines pour lesquelles ils avaient été condamnés, firent la plus forte impression sur les spectateurs, et augmentèrent la confiance de ceux qui avaient adopté les principes des réformateurs. Des lois plus rigoureuses et plus cruelles encore furent portées contre eux. Contester seulement le pouvoir du pape était un crime puni de mort ; mais la réformation semblait faire des progrès d'autant plus rapides qu'on faisait plus d'efforts pour les arrêter.

Les faveurs que le roi prodiguait au clergé catholique attirèrent sur ses membres la jalousie de la noblesse d'Écosse, et la firent pencher encore davantage pour les nouvelles doctrines. Les richesses des couvens et des abbayes tentèrent aussi beaucoup de seigneurs, qui espéraient en avoir leur part, au cas où ils seraient supprimés comme en Angleterre. Et quoiqu'il y eût des hommes vertueux parmi les moines, comme il y en avait de dépravés, cependant la vie indolente et licencieuse de plusieurs d'entre eux avait attiré sur l'ordre en général la haine et le mépris du peuple.

Le mécontentement public fut encore augmenté par un incident qui arriva en 1537. Une dame du plus haut rang, Jeanne Douglas, sœur du comte d'Angus qui était exilé, veuve de John Lyon, lord de Glamis, et femme d'Archibald Campbell de Kepneith, fut accusée d'avoir attenté à la vie de Jacques en employant les ressources imaginaires de la magie et le moyen plus redoutable du poison. Elle voulait, disait-on, assurer ainsi le rappel des Douglas en Écosse, et leur réintégration dans tous leurs biens et toutes leurs dignités. Jeanne fut brûlée vive devant le château d'Edimbourg, et les spectateurs, touchés de sa jeunesse et de sa beauté, et surpris du courage avec lequel elle subit son sort, ne manquèrent pas d'attribuer son trépas moins à un crime véritable qu'à la haine enracinée du roi contre la maison de Douglas.

Une autre exécution, quoique tombant sur un être généralement méprisé, contribua à confirmer l'opinion générale que Jacques avait un penchant naturel à la rigueur, pour ne pas dire à la cruauté. Nous avons parlé de sir James Hamilton de Draphane, surnommé le Bâtard d'Arran, comme d'un homme qui avait acquis une triste célébrité par son caractère féroce et les assassinats qu'il commettait de sang-froid. Le roi l'avait nommé sheriff d'Ayr, et lui avait accordé d'autres faveurs. Néanmoins, sur la seule déposition d'un de ses cousins, portant le même nom que lui, il fut accusé de haute trahison, condamné et exécuté. Dans cette occasion, l'opinion publique accusa de nouveau Jacques d'avoir prononcé la sentence sans que le crime fût suffisamment démontré.

Pendant ce temps, Henry continuait à presser le roi d'Écosse, par lettres et par l'entremise de son ambassadeur, de prendre avec lui des mesures communes contre le clergé catholique. Il rougissait pour son neveu, disait-il, de le voir occupé d'améliorer ses revenus en entretenant des troupeaux de moutons, soin tout-à-fait indigne d'un roi; s'il avait besoin d'argent, lui, son bon oncle, était tout prêt à lui fournir toutes les sommes qu'il voudrait; ou bien les richesses des couvens et des monastères catholiques étaient un fonds dont il pouvait s'emparer dès qu'il le jugerait convenable. Enfin l'ambassadeur anglais, sir Ralph Saddler, lui peignit, comme ses instructions le lui ordonnaient, sous les plus fortes couleurs les doctrines perverses et licencieuses du clergé, contre lequel il pressa le roi de prendre des mesures violentes.

Il y avait dans ce message de quoi blesser vivement le roi; il mit cependant beaucoup de modération dans sa réponse. Il aimait mieux, dit-il, vivre de son revenu, tout modique qu'il pût être, que de se mettre sous la dépendance d'un autre roi, fût-ce même de son oncle. Il n'avait aucun motif, aucun prétexte même pour s'emparer des possessions du clergé, qui était toujours prêt à lui avancer de l'argent quand il en avait besoin. Si quelques prêtres déshonoraient leur profession, il ne manquerait pas, ajouta-t-il, de sévir contre eux, mais il n'entrait pas dans ses idées de justice de punir le corps entier des fautes de quelques-uns de ses membres. Tout ce que l'ambassadeur put obtenir de Jacques, ce fut la promesse de se rendre à York pour avoir une entrevue avec Henry, si les affaires de son royaume le lui permettaient.

Le roi se trouvait alors dans une alternative embarrassante : il fallait qu'il se rendît aux desirs de son oncle, qu'il rompît son alliance avec la France, et qu'il introduisît la religion réformée dans ses états; ou bien qu'en restant fidèle à la France et à la foi catholique, il courût tous les hasards d'une guerre contre l'Angleterre. Dans ce moment de crise, les prêtres employèrent tout leur ascendant sur l'esprit de Jacques; l'or de la France ne fut pas épargné pour déterminer sa résolution; et l'on peut supposer que la jeune reine, issue de la famille catholique des Guises, exerça son influence dans le même sens. Jacques finit donc par ne point se rendre à l'invitation de son oncle; et, lorsque le fier Henry était depuis six jours à York à l'attendre, il lui envoya quelque excuse frivole. Henry, comme on peut bien le croire, fut mortellement offensé, et se prépara à la guerre.

Elle commença sur-le-champ, et fut aussi terrible que ruineuse. Henry envoya des troupes nombreuses pour ravager les frontières de l'Écosse. Jacques, à sa satisfaction inexprimable, obtint un grand avantage dans la première affaire de quelque importance, et il médita des actes d'hostilité plus décisifs. Il assembla toutes les forces de son royaume, et s'avança jusqu'à Fala, lorsque, le 1ᵉʳ novembre 1542, il apprit que le général anglais qui avait envahi les frontières s'était retiré sur le territoire anglais. A cette nouvelle, les seigneurs écossais, qui, avec leurs vassaux, étaient venus se ranger sous l'étendard royal, déclarèrent à leur souverain que, quoiqu'ils eussent pris les armes pour préserver leur pays de l'invasion étrangère, ils n'en regardaient pas moins la guerre avec l'Angleterre comme une mesure impolitique et entreprise uniquement pour satisfaire le clergé; et que, puisque les Anglais s'étaient retirés, ils étaient décidés à ne pas faire un pas de plus en avant sur le territoire ennemi. Il n'y eut qu'un chef de clan des frontières qui offrit au roi de le suivre avec sa troupe partout où il voudrait les conduire ; c'était John Scott de Thirlstane, dont Jacques récompensa le dévouement en ajoutant à ses armes un faisceau de lances, avec cette devise : *Toujours prêt.*

Jacques, se voyant ainsi abandonné par sa noblesse, revint à Édimbourg, déshonoré aux yeux de ses sujets et plongé dans le plus profond découragement.

Pour se venger des incursions des Anglais et faire oublier la défection de Fala, le roi voulut qu'une armée de dix mille hommes entrât en Angleterre par les marches de l'ouest, et il eut l'imprudence d'envoyer avec ces troupes Olivier Sinclair, son favori particulier, qui partageait avec les prêtres l'impopularité de la guerre d'Angleterre, et qui déplaisait aux nobles comme étant du nombre de ceux qui exploitaient la faveur royale à leur préjudice.

L'armée était à peine sur le territoire anglais, près d'un endroit appelé Solway-Moss, que cet Olivier Sinclair fut élevé sur les boucliers des soldats pour leur lire une proclamation qui, à ce qu'on dit, nommait lord Maxwell commandant de l'expédition. Mais personne ne doutait qu'Olivier Sinclair n'eût été lui-même nommé commandant en chef ; et, comme il était l'objet de la haine et du mépris général, le désordre et la confusion se mirent aussitôt dans l'armée. Quatre à cinq cents Anglais, commandés par Thomas Dacre et John Musgrave, remarquèrent ce mouvement, et aussitôt ils chargèrent les nombreux escadrons de l'armée ennemie. Les Écossais s'enfuirent sans même essayer de se défendre. Une foule de seigneurs et de gentilshommes aimèrent mieux se laisser faire prisonniers que d'affronter le ressentiment de leur souverain.

Depuis quelque temps le malheur semblait s'attacher à poursuivre Jacques. La mort de ses deux fils, l'affaire de Fala, avaient laissé une impression profonde sur son esprit, et ses songes même les lui retraçaient dans les tableaux les plus horribles. Il croyait voir le farouche sir James Hamilton, qu'il avait fait exécuter sur de faibles indices. L'ombre sanglante s'approchait de son lit une épée à la main, et lui disait : — Tyran cruel, tu m'as immolé injustement, moi qui ai pu me montrer barbare envers d'autres hommes, mais qui te fus toujours fidèle ; c'est maintenant ton tour de recevoir le châtiment que tu mérites. Il lui semblait qu'en disant ces mots sir James Hamilton lui coupait d'abord un bras, puis après l'autre, et qu'ensuite il le laissait, en le menaçant de revenir bientôt lui couper la tête. Il n'était pas étonnant que de pareils rêves prissent naissance dans l'imagination du roi, troublé comme il l'était par de grandes infortunes, et se reprochant peut-être intérieurement la mort de sir James Hamilton. La perte de ses deux bras lui semblait faire naturellement allusion à celle de ses deux fils, et il resta convaincu que les menaces de l'apparition présageaient sa propre mort.

La nouvelle de la bataille, ou plutôt de la déroute de Solway, mit le comble à son désespoir. Il se renferma dans son palais de Falkland, et repoussa toute consolation. Une fièvre brûlante, causée par la honte et par la douleur, saisit l'infortuné monarque. On vint lui annoncer que la reine était accouchée d'une fille ; mais il se contenta de répondre : — « Par fille elle est venue (voulant parler de la couronne), et par fille elle s'en ira. » Ce furent à peu près ses derniers mots, et se retournant du côté du mur, il mourut de la plus triste de toutes les maladies, d'accablement et de douleur. Il était encore à la fleur de son âge, ayant tout au plus trente-un ans. S'il ne s'était pas laissé entraîner par les conseils des prêtres catholiques dans une guerre avec l'Angleterre, Jacques V aurait pu jouir sur le trône du bonheur auquel son mérite et ses talens lui donnaient des droits.

# CHAPITRE XXVI.

NÉGOCIATIONS POUR UN MARIAGE ENTRE LA JEUNE REINE MARIE ET LE PRINCE ÉDOUARD D'ANGLETERRE. — ELLES NE RÉUSSISSENT PAS. — INVASION EN ÉCOSSE. — ADMINISTRATION ET MORT DU CARDINAL BEATON. — BATAILLE DE PINKIE. — MARIE STUART EST ENVOYÉE EN FRANCE ET LA REINE DOUAIRIÈRE DEVIENT RÉGENTE. — PROGRÈS DE LA RÉFORMATION. — MARIE SE DÉCIDE A RETOURNER EN ÉCOSSE.

Les infortunes de Marie Stuart, qui succéda à son père, commencèrent dès sa naissance, et continuèrent sans interruption pendant toute sa vie. De tous les malheureux princes de la maison de Stuart, ce fut elle qui fut le plus constamment malheureuse. Elle naquit le 7 décembre 1542, et devint peu de jours après, par la mort de son père, reine au berceau d'un état déchiré par la discorde.

Comme cela arrive souvent pendant les minorités, deux partis étaient aux prises pour obtenir le pouvoir suprême. Marie de Guise, la reine-mère, et le cardinal David Beaton étaient à la tête de celui qui favorisait l'alliance avec la France. Hamilton, comte d'Arran, le plus proche parent mâle de la jeune reine, était à la tête de l'autre, et il jouissait d'une plus grande popularité, parce que les nobles craignaient le caractère ambitieux et entreprenant du cardinal, et que le peuple le détestait à cause des persécutions qu'il faisait subir aux réformés. Le comte d'Arran n'était pourtant qu'un homme timide et irrésolu, qui n'avait guère pour lui que sa haute naissance. Mais il n'en fut pas moins élevé à la régence.

Henry VIII montra, dit-on, beaucoup de regret de la mort de son neveu, disant qu'il n'y aurait jamais en Écosse un roi qui lui tînt d'aussi près ni qui lui fût aussi cher, et attribuant non au feu roi, mais à ses mauvais conseillers, les malheureux différends qui s'étaient élevés entre eux. En même temps Henry conçut le projet de réunir les couronnes d'Angleterre et d'Ecosse par un mariage entre la jeune reine Marie et son fils unique Edouard VI, qui n'était encore qu'un enfant. Il admit à son conseil le duc de Glencairn et d'autres seigneurs écossais, faits prisonniers dans la déroute de Solway, et leur offrit la liberté à condition qu'à leur retour en Écosse ils appuieraient de tout leur pouvoir l'alliance qu'il proposait. Ils acceptèrent, et partirent après s'être engagés solennellement à revenir dans le cas où le traité ne s'accomplirait pas.

Archibald, comte d'Angus, et son frère sir Georges Douglas, profitèrent de cette occasion pour retourner en Écosse après quinze ans d'exil. Ils devaient beaucoup de reconnaissance au roi pour la protection qu'il leur avait accordée pendant un si long espace de temps; Henry avait été jusqu'à les nommer membres de son conseil privé, et l'appui qu'il leur donnait avait souverainement offensé le feu roi. Lors donc que l'influence des Douglas, que ses bienfaits lui avaient attachés, se joignit à celle de Glencairn et des autres seigneurs qu'il avait fait prisonniers à Solway, et qu'elle fut encore secondée par tout ce qu'il y avait de protestans en Écosse, qui favorisaient naturellement une alliance avec l'Angleterre, tout parut seconder les projets de Henry, et il semblait qu'il ne pouvait manquer de réussir; mais l'impatience naturelle du monarque anglais fit avorter son plan. Il demanda la garde et la tutelle de la jeune reine jusqu'à ce qu'elle fût en âge de consommer le mariage qu'elle allait contracter avec son fils, et insista pour que quelques-unes des places les plus fortes du royaume lui fussent remises. Ces propositions excitèrent la défiance des Écossais, et enflammèrent cet amour d'indépendance et de liberté dont ils ne cessèrent jamais de donner des preuves. La nation entière commença à entrevoir que Henry VIII, sous ce prétexte, avait dessein de s'approprier le royaume comme l'avait fait Édouard Ier dans des circonstances semblables ; et le zèle des seigneurs qui lui avaient promis de le seconder se trouva paralysé, à cause de l'extravagance de ses propositions. Ils dirent à sir Ralph Sadler, l'ambassadeur d'Angleterre, que la nation ne souffrirait pas qu'on remît à Henry la garde de la jeune reine, que leurs propres vassaux refuseraient de leur obéir et de prendre les armes pour une telle cause, et que les femmes mêmes s'armeraient de leurs quenouilles et ramasseraient des pierres dans les rues pour les attaquer et pour les combattre.

Henry consentit avec beaucoup de peine à ce qu'on ne lui remît la tutelle de la jeune reine que lorsqu'elle serait âgée de dix ans. Mais cette demande même, ainsi modifiée, éprouva la plus vive opposition, et sir Georges Douglas, le plus zélé partisan de Henry, n'osa conseiller de s'y soumettre que comme un moyen de gagner du temps. Il raconta aux seigneurs écossais qu'un certain roi s'était pris d'une si belle passion pour un âne, qu'il voulut que son premier médecin lui apprît à parler, sous peine de mort. Le médecin consentit à entreprendre ce miracle, mais en faisant entendre au roi qu'il faudrait bien dix ans avant que ses leçons pussent produire l'effet désiré. Ce délai lui fut accordé sans peine, et il entra aussitôt en fonctions. Un de ses amis l'ayant une fois trouvé fort occupé autour de son élève, lui exprima sa surprise qu'un homme aussi sage que lui entreprît une chose qui était physiquement impossible ; mais le médecin lui répondit : — Ne voyez-vous pas que j'ai gagné dix ans? Si j'avais refusé le roi, j'aurais été sur-le-champ mis à mort; mais de cette manière j'ai du temps devant moi, et pendant ce temps le roi peut mourir, l'âne peut mourir, je puis mourir moi-même (1). Dans l'un ou l'autre de ces trois cas, je suis délivré de toute inquiétude. — De même, ajouta sir Georges Douglas, si nous acceptons le traité, nous éviterons une guerre sanglante et meurtrière, et nous aurons devant nous un long espace de temps, durant lequel le roi d'Angleterre, son fils le prince Édouard ou la jeune reine Marie peuvent mourir l'un ou l'autre, et rendre ainsi le traité nul. — Convaincu par de telles raisons, le parlement, composé presque entièrement des lords du parti anglais, consentit au mariage proposé, et le régent y donna aussi son approbation.

Mais pendant qu'une partie des seigneurs écossais acceptait le traité aux conditions mêmes proposées par Henry, la reine-mère et le cardinal Beaton étaient à la tête d'un autre parti encore plus nombreux, qui voulait rester fidèle à l'ancienne religion et à l'alliance avec la France, et qui était par conséquent entièrement opposé à une union avec l'Angleterre. La faiblesse du régent contribua à la rupture du traité auquel il avait consenti lui-même : il n'y avait pas quinze jours qu'il l'avait ratifié, que déjà il s'était réconcilié avec le cardinal et avec la reine-mère, et qu'il s'était joint à eux

---

(1) Le roi, l'âne ou moi, nous mourrons, etc.

C'est la fable que La Fontaine a mise en vers d'une manière si piquante. — Éd.

pour mettre obstacle au mariage. Le roi d'Angleterre, avec plus d'adresse et de patience, serait parvenu peut-être à l'emporter de nouveau, et à faire réussir une mesure qui paraissait également importante pour les deux royaumes; mais, furieux de la duplicité du régent, Henry lui déclara sur-le-champ la guerre. Une flotte considérable entra dans le détroit du Forth; les troupes anglaises y débarquèrent, et, n'éprouvant aucune résistance, elles brûlèrent la capitale de l'Écosse et son port de mer, et ravagèrent tout le pays d'alentour. Sir Ralph Evers et sir Brian Letoun firent en même temps sur les frontières les incursions les plus terribles. Le détail des ravages qu'ils commirent frappe d'horreur : dans une seule de ces expéditions, cent quatre-vingt-douze citadelles ou places fortes furent brûlées, quatre cents Écossais furent tués, et huit cents faits prisonniers; dix mille bœufs, douze mille brebis et mille chevaux firent partie du butin : un autre tableau présente la destruction de sept monastères, seize châteaux ou forteresses, cinq grandes villes, deux cent quarante-trois villages, treize moulins et trois hôpitaux, tous abattus ou brûlés.

Les exploits des généraux anglais pouvaient satisfaire le ressentiment de Henry, mais ils nuisirent beaucoup à ses projets sur l'Écosse; car tous les habitans se réunirent pour repousser l'ennemi, et ceux même qui goûtaient le plus l'alliance avec l'Angleterre furent, pour me servir de l'expression du temps, choqués d'une manière si rude et si grossière de faire la cour. Les Douglas eux-mêmes, que tant de liens divers attachaient à Henry, furent obligés, en voyant l'Ecosse envahie et ravagée par les Anglais, de prendre aussi les armes contre eux, et ils ne tardèrent pas à le faire.

Il paraît que Henry avait donné à ses deux vaillans capitaines, Evers et Latoun, tout le pays qu'ils pourraient conquérir sur la frontière, et en particulier les beaux domaines de Merse et de Teviotdale. — J'écrirai l'acte d'envoi en possession sur leurs propres corps en encre de sang et avec une plume bien affilée, dit le comte d'Augus, pour me venger de ce qu'ils ont détruit les tombeaux de mes ancêtres dans l'abbaye de Melrose. En conséquence il pressa le régent ou gouverneur, comme on appelait Arran, de se diriger vers les frontières pour les protéger. Après une longue hésitation, le régent s'y décida, et il s'avança du côté de Melrose, suivi de cinq cents hommes tout au plus. Les chefs anglais étaient campés à Jedburgh avec cinq mille hommes, dont trois mille étaient des troupes réglées à la solde du roi d'Angleterre; le reste était composé des habitans des frontières, auxquels s'étaient réunis plusieurs clans écossais qui avaient arboré la croix rouge, et qui s'étaient soumis à la domination de l'Angleterre. Dès qu'ils apprirent l'approche du gouverneur, ils se mirent aussitôt en marche pour le surprendre et écraser sa petite troupe; ils échouèrent dans leurs projets, car déjà les Écossais s'étaient retirés au-delà de la Tweed, sur les montagnes situées près de Galashiels.

Les Anglais se disposèrent alors à retourner à Jedburgh, et le gouverneur, agissant d'après les conseils

du comte d'Angus, les suivit et observa tous leurs mouvemens. Pendant ce temps les Écossais commençaient à recevoir de nombreux renforts. Un jeune et intrépide guerrier, William Leslie, seigneur de Rothes, arriva le premier du comté de Fife, suivi de trois cents cavaliers bien armés. Lord Buccleuch vint ensuite avec quelques hommes de son clan qui accoururent au grand galop, et il promit que les autres ne tarderaient pas à les rejoindre. Ce Chef des frontières avait de grands talens militaires, et connaissait parfaitement le pays. Il conseilla au gouverneur et au comte d'Angus de ranger leur armée au pied d'une petite éminence, et de placer leurs cavaliers à l'arrière-garde. Les Anglais, voyant la cavalerie écossaise gravir la montagne, conclurent qu'elle prenait la fuite, et se retournèrent en désordre pour les attaquer, se hâtant comme si la victoire leur était assurée. Ils arrivèrent ainsi devant l'armée écossaise, dont les rangs étaient serrés et en bon ordre, tandis que le mouvement précipité qu'ils venaient de faire avait jeté la confusion dans les leurs. Au moment où les Écossais commencèrent à charger, le comte d'Angus voyant un héron sortir d'un marais, s'écria :
— Oh ! que mon faucon blanc n'est-il ici pour que nous puissions nous battre tous à la fois ! — Les Anglais, surpris et hors d'haleine, ayant en outre le vent dans la figure et le soleil dans les yeux, furent complètement battus, et obligés de prendre la fuite. Les Écossais des frontières, qui s'étaient joints à eux, voyant leurs compatriotes victorieux, jetèrent leurs croix rouges, marque distinctive qu'ils avaient prise comme sujets du roi d'Angleterre, et tombèrent sur les Anglais, qu'ils

étaient venus pour secourir. Ces transfuges firent un affreux carnage, et les Écossais en général, provoqués sans doute par les derniers ravages des Anglais, montrèrent tant de cruauté à l'égard des vaincus, qu'ils semblaient mériter le coup terrible qui bientôt après frappa leur nation. La tradition dit qu'une jeune et jolie fille appelée Lilliard avait suivi son amant depuis le petit village de Maxton, et que quand elle le vit tomber dans la mêlée, elle s'élança au plus fort du combat, et fit mordre la poussière à plusieurs Anglais. Depuis cette époque le champ de bataille prit le nom de *la Pointe de Lilliard* (Lilliard's Edge), qu'il conserve encore aujourd'hui.

Cette bataille se livra le 14 décembre 1544. Mille Anglais y périrent ainsi que leurs deux commandans. Evers fut enterré dans l'abbaye de Melrose, qu'il avait si souvent saccagée, et à laquelle il avait fini par mettre le feu. On fit un grand nombre de prisonniers, parmi lesquels se trouvait un alderman de la Cité de Londres, Thomas Read, qu'on doit être étonné de trouver dans une semblable bagarre. Ce digne citoyen avait, à ce qu'il paraît, refusé de payer sa part d'un don gratuit (*benevolence*), comme on le nommait, c'est-à-dire d'une somme d'argent que le roi réclamait de tous les habitans de Londres. Il paraît que, quoique le roi n'eût pas le pouvoir de le faire mettre en prison jusqu'à ce qu'il eût payé, il avait du moins celui de le faire partir comme soldat; et il existe une lettre adressée à lord Evers, dans laquelle il lui est enjoint de soumettre Read à tout ce que le service a de plus dur et de plus péninible, afin qu'il sût ce que les soldats avaient à souffrir, et qu'il fût plus disposé une autre fois à payer au roi l'argent destiné à les solder. Il est à présumer que l'alderman paya une bonne rançon à l'Écossais qui eut le bonheur de le faire prisonnier.

Henry VIII fut très-irrité de cette défaite de Lilliard's Edge ou d'Ancram-Moor, comme on l'appelle souvent, et il exhala son mécontentement en menaces contre le comte d'Angus, quoique ce seigneur lui fût allié de très-près, puisqu'il avait épousé sa propre sœur. Le comte ne fit que rire de ces menaces. — Mon royal beau-frère, dit-il, serait-il fâché de ce que j'ai agi en bon Écossais; de ce que j'ai vengé, par la mort de Ralph Evers, mes ancêtres, dont il avait osé profaner les tombeaux à Melrose? C'étaient des hommes qui valaient mieux que lui, et je ne pouvais faire moins, en conscience. Est-ce que le roi Henry voudrait m'ôter la vie pour cela? Il connaît peu les défilés de Cairntable (montagne près du château de Douglas); je puis y braver toutes les forces de l'Angleterre.

La vérité est qu'à aucune époque de leur histoire les Écossais n'ont montré plus d'attachement pour la France, et plus d'éloignement pour l'Angleterre qu'ils en avaient alors; le mariage projeté entre la jeune reine et le prince de Galles n'était vu généralement qu'avec horreur, ce qui provenait en grande partie de l'esprit de vengeance et de rage que Henry déployait en faisant la guerre. De tous les seigneurs d'Écosse qui avaient été, dans l'origine, du parti anglais, Lennox fut le seul qui resta fidèle à Henry; il fut obligé de s'enfuir en Angleterre, où le roi lui fit épouser lady Marguerite Douglas, fille de sa sœur Marguerite et du comte d'Angus, et par conséquent sa propre nièce. Ils eurent pour fils le malheureux lord Henry Darnley, dont nous aurons beaucoup à parler dans la suite.

Le roi de France envoya alors aux Écossais un corps nombreux de troupes auxiliaires, indépendamment de sommes d'argent considérables, ce qui les mit à même de se venger des incursions des Anglais par de terrtbles représailles, de sorte que les frontières des deux pays furent exposées aux mêmes ravages. Enfin la paix termina, en 1546, une guerre pendant laquelle les deux pays avaient beaucoup souffert sans avoir obtenu ni l'un ni l'autre un avantage décisif (1).

Les affaires étaient alors presque exclusivement dirigées en Écosse par le cardinal Beaton, grand homme d'état, comme nous l'avons déjà dit, mais catholique exagéré, et d'un caractère dur et cruel; il avait pris un ascendant complet sur l'esprit du régent, et il avait su décider cet homme faible et changeant à abandonner le protestantisme, à se réconcilier avec l'Église romaine, et à poursuivre les hérétiques, comme on appelait alors les protestans. Beaucoup d'actes de cruauté furent commis; mais aucun n'excita l'indignation générale à un plus haut degré que la mort barbare de Georges Wishart.

(1) Voyez le tableau des mœurs à cette époque, dans le chapitre 1er du *Monastère*. — Éd.

## MARTYRE DE WISHART.

Ce martyr de la réformation était un homme d'une naissance honorable, d'une grande éloquence et d'une haute piété. Il prêchait les doctrines de l'Église réformée avec autant de zèle que de succès, et fut pendant quelque temps protégé contre la vengeance des catholiques par les barons qui s'étaient convertis à la foi protestante (1). A la fin cependant il fut livré par lord Bothwell entre les mains du cardinal, qui le fit conduire au château de Saint-André, forteresse et palais tout ensemble qui lui appartenait en sa qualité d'archevêque, et là il fut jeté dans un sombre cachot. Wishart fut ensuite traduit comme hérétique devant la cour spirituelle, dont le cardinal était président. Il fut accusé d'avoir prêché des doctrines hérétiques par deux prêtres, nommés Lauder et Oliphan, dont les propos furibonds et les violentes invectives contrastaient avec le calme et la patience que montrait le prisonnier. Il en appela de l'autorité de l'Église romaine à celle de la Bible; mais ses juges étaient peu disposés à écouter ses argumens, et il fut condamné à être brûlé vif. Le lieu de l'exécution était en face du superbe château du cardinal, et Beaton lui-même s'assit sur les murailles ornées de tapisseries, pour contempler le supplice de son prisonnier hérétique. Wishart fut alors amené, et attaché à un poteau par des chaînes de fer. On lui avait mis une espèce de robe de bougran, et plusieurs sacs de poudre étaient attachés autour de lui pour hâter l'action du feu. Une grande quantité de fagots étaient

(1) Voyez dans le *Monastère*, le portrait du réformateur Warden.
Éd.

rangés autour du bûcher. Tandis que debout il attendait avec calme le moment fatal, ses yeux se dirigèrent vers les murs du château où le cardinal, son ennemi, s'était placé pour jouir de cette scène horrible.

— Capitaine, dit-il à celui qui commandait la garde, puisse Dieu pardonner à l'homme qui est là-bas, si fièrement assis sur les murs de son palais! Dans peu de jours on l'y verra suspendu avec autant de honte et d'opprobre qu'il montre aujourd'hui de pompe et de vanité. — On mit alors le feu au bûcher : la poudre fit une explosion, la flamme s'éleva, et Wishart passa par une mort pénible à une bienheureuse immortalité.

Peut-être les dernières paroles de Wishart, qui semblaient prophétiques, furent-elles un aiguillon qui excita quelques hommes à venger sa mort. Quoi qu'il en fût, la mort de Wishart accrut beaucoup la haine publique contre le cardinal, et un homme de cœur entreprit de répondre au vœu général en lui donnant la mort. C'était Norman Leslie, seigneur de Rothes, le même qui avait amené un renfort de soldats du comté de Fife à la bataille d'Ancram-Moor. Il paraît que, outre sa part de la haine générale qu'on portait au cardinal comme persécuteur, il avait quelque sujet d'animosité particulière contre lui. Avec seize hommes seulement Leslie entreprit d'assiéger le cardinal dans son propre château, au milieu de ses gardes et de ses domestiques. Il se trouvait que, comme plusieurs ouvriers étaient encore occupés à travailler aux fortifications du château, le guichet de la grande porte était ouvert de

## MORT DU CARDINAL BEATON.

grand matin, pour qu'ils pussent se mettre à l'ouvrage. Les conspirateurs profitèrent de cette circonstance, et se rendirent maîtres de l'entrée. Une fois dans l'intérieur, ils se saisirent des domestiques, les chassèrent l'un après l'autre du château, et se précipitèrent vers la chambre du cardinal, qui en avait fermé la porte. Il refusa d'ouvrir jusqu'au moment où ils le menacèrent de mettre le feu à la chambre. Alors, apprenant que William Leslie était avec eux, il sortit enfin, et demanda grace. Melville, un des conspirateurs, lui répondit qu'il pouvait s'attendre à la même grace qu'il avait accordée à Georges Wishart et à tous les autres serviteurs de Dieu qu'il avait fait périr. Puis, l'épée suspendue sur la poitrine du cardinal, il lui dit de se recommander à Dieu, parce que sa dernière heure était venue. Alors les conspirateurs poignardèrent leur victime, et allèrent ensuite pendre son corps aux murailles du château pour le montrer aux habitans de Saint-André, ses partisans et ses vassaux, qui vinrent demander avec rage ce qu'était devenu leur archevêque. Ainsi son corps fut réellement exposé avec opprobre sur les créneaux de son palais, d'où il avait contemplé d'un air de triomphe le supplice de Wishart.

Ceux mêmes qui désapprouvaient un crime que rien ne pouvait justifier, furent néanmoins charmés d'être enfin débarrassés du fier cardinal, qui avait, en quelque sorte, vendu l'Écosse à la France. Plusieurs guerriers, qui n'auraient certainement pas voulu participer au meurtre, se joignirent à ceux qui l'avaient commis pour défendre le château. Le régent se hâta d'en faire le siège; mais l'Angleterre y avait envoyé de l'argent, des vivres, des ingénieurs, et la forteresse résista pendant cinq mois à tous les efforts de l'armée écossaise. Cependant la France envoya en Écosse une flotte et une armée, avec des ingénieurs plus versés dans l'art d'attaquer une place forte que ne pouvaient l'être ceux du pays. Le château fut donc obligé de se rendre, et ses principaux défenseurs furent envoyés en France, où ils servirent quelque temps comme galériens. Le peuple fit sur cet événement une chanson dont voici le refrain :

> Bon prêtre, maintenant
> Tu dois être content ;
> Car Norman et ses frères
> Remplissent les galères.

Bientôt après cet incident tragique Henry VIII, roi d'Angleterre, mourut; mais son esprit impatient et irascible continua de dominer dans les conseils de la nation sous le lord protecteur Somerset, qui résolut d'adopter les mesures violentes dont Henry lui avait donné l'exemple, pour forcer les Écossais à donner leur jeune reine en mariage à Édouard VI. Une armée de dix-huit mille hommes, bien disciplinée, abondamment fournie de tout ce qui lui était nécessaire, et soutenue par une flotte nombreuse, envahit l'Écosse par la frontière de l'est. Les Écossais rassemblèrent des forces presque doubles de celles de l'ennemi, mais qui, comme à l'ordinaire, n'étaient pas habituées à agir de concert ou à suivre les ordres d'un seul général. Ils déployèrent cependant au co    cement c    ..mpagne quelques talens militaires : ils placèrent leur armée derrière la rivière d'Esk, près du village de Musselburgh, situé à environ six milles d'Édimbourg, et semblèrent déterminés à y attendre l'approche des Anglais.

Le duc de Somerset, régent d'Angleterre et chef de l'armée d'invasion, se trouva alors dans un grand embarras. Les Écossais étaient postés trop avantageusement pour qu'on pût les attaquer avec quelque espérance de succès, et les Anglais auraient été sans doute obligés de subir la honte d'une retraite, si leurs ennemis, dans un de ces accès d'impatience qui furent pour eux la source de tant de calamités nationales, n'eussent abandonné leur position.

Se fiant au nombre considérable de ses troupes, le comte d'Arran, régent d'Écosse, traversa l'Esk, et donna ainsi aux Anglais, qui étaient rangés en bataille sur le sommet d'une éminence, l'avantage du terrain. Les Écossais se formèrent dans leur ordre accoutumé. Ils étaient armés de larges épées de la meilleure trempe, et portaient autour du cou une espèce de grosse cravate, qui faisait jusqu'à trois tours, pour se garantir, — non pas du froid, dit un vieil historien, mais des entailles. Ils avaient tous, et c'était leur arme la plus redoutable, une lance de dix-huit pieds de long. Lorsqu'ils étaient en bataille ils se tenaient serrés l'un contre l'autre, le premier rang mettant un genou en terre, et dirigeant la pointe de ses lances vers l'ennemi. Ceux qui étaient immédiatement derrière eux se courbaient un peu, et les autres restaient droits, présentant leurs lances par-dessus la tête de leurs camarades, la pointe également dirigée contre la poitrine de l'ennemi, tandis que l'autre bout était appuyé sur leur pied. De cette manière ils formaient un bataillon si serré, si hérissé de lances de tous côtés, que vouloir les charger eût semblé une action aussi téméraire que d'exposer sa main nue aux piquans d'un hérisson.

La cavalerie anglaise, commandée par lord Gray, commença la bataille en se précipitant sur les rangs immobiles des Écossais. Ceux-ci tinrent bon, menaçant les cavaliers avec leurs piques en criant : — Avancez, hérétiques que vous êtes. — L'attaque fut terrible; mais comme les lances de la cavalerie anglaise étaient beaucoup plus courtes que celles des soldats écossais, elle eut le dessous, et fut obligée de se retirer sur le reste de l'armée après avoir beaucoup souffert. Le duc de Somerset commanda à lord Gray de faire une nouvelle charge, mais Gray lui répondit qu'autant vaudrait lui ordonner de charger un mur. Alors, d'après le conseil du comte de Warwick, au lieu d'employer la cavalerie, on fit avancer un corps d'archers et de fusiliers. Voyant les ravages terribles que leurs décharges faisaient à travers les rangs serrés des Écossais, qui les recevaient en face, le comte d'Angus, qui commandait l'avant-garde, fit un mouvement oblique pour les éviter. Mais malheureusement le principal corps d'armée des Écossais ne comprit pas cette évolution, et, la prenant pour un mouvement rétrograde, ils se retirèrent dans le plus grand désordre. L'avant-garde alors prit aussi la fuite, et, la cavalerie anglaise revenant à la charge tandis que l'infanterie poursuivait son avantage, la victoire fut remportée sans beaucoup de peine. Les Écossais ne tentèrent pas une plus longue résistance ; et le carnage fut affreux, parce que l'Esk, qui coulait derrière les Écossais, mettait obstacle à leur fuite. A plus de cinq milles à la ronde les champs étaient couverts de morts et jonchés de lances, de boucliers et d'épées, que les soldats avaient jetés pour courir plus vite. Cette journée fut aussi flétrissante que désastreuse, et la bataille de Pinkie, en même temps qu'elle fut la dernière grande défaite que les Écossais éprouvèrent de la part des Anglais (1), en fut aussi l'une des plus sanglantes. Elle eut lieu le 10 septembre 1547.

On eût dit que le destin avait arrêté, dans ces malheureuses guerres nationales, que les Anglais remporteraient souvent de grandes victoires sur les Écossais, mais qu'ils ne pourraient jamais en tirer un avantage durable. La bataille de Pinkie, loin d'aplanir les obstacles au mariage projeté entre la jeune reine Marie et Édouard VI, ce qui était le but de l'expédition de Somerset, alarma et irrita les Écossais à un tel point, qu'ils résolurent de prévenir la possibilité d'une telle union en mariant leur jeune reine au dauphin, c'est-à-dire au fils aîné du roi de France, et en l'envoyant à la cour de France pour y recevoir une éducation conforme à sa naissance.

(1) La bataille de Dunbar, gagnée par Cromwell sur Lesly, a plusieurs points de comparaison avec celle de Pinkie. Voyez la *Continuation de l'Histoire d'Écosse.* — Éd.

Le but principal du gouvernement anglais se trouva donc manqué; mais le triomphe des Écossais fut de courte durée, car l'union avec la France qu'ils conclurent si précipitamment attira sur leur pays une longue suite de nouveaux malheurs.

L'Écosse, cependant, jouit de l'avantage immédiat d'avoir un renfort considérable de troupes françaises, commandées par un officier nommé d'Essé, qui rendit les plus grands services à l'Écosse en recouvrant plusieurs châteaux et citadelles qui étaient tombés au pouvoir des Anglais après la bataille de Pinkie, et où ils avaient laissé garnison (1). La présence de ces soldats étrangers facilita l'accomplissement du traité. Le roi de France accorda au régent le duché de Châtelherault, ainsi qu'une pension considérable, pour l'amener à consentir au mariage qu'il désirait. La jeune reine s'embarqua sur un bâtiment français au mois de juillet 1548. Elle avait avec elle quatre jeunes personnes de qualité qui devaient être ses compagnes de jeux pendant son enfance, et devenir par la suite ses dames d'honneur. Elles portaient toutes le même nom que leur maîtresse, et on les appelait les Maries de la reine (2).

Après le départ de la jeune Marie pour la France, sa mère, Marie de Guise, veuve de Jacques V, eut l'adresse de se faire placer à la tête des affaires en Écosse.

(1) Second chapitre du *Monastère*. — Éd.
(2) De ce nombre était Marie Seyton, qu'on retrouve dans *l'Abbé* sous le nom de Catherine. — Éd.

Le duc de Châtelherault, comme nous devons maintenant nommer le comte d'Arran, toujours du caractère le plus flexible, se laissa persuader de se démettre de ses fonctions de régent. Elles furent alors remplies par la reine douairière, qui déploya autant de sagesse que de prudence dans le gouvernement du royaume. Beaucoup de seigneurs s'étonnèrent de la facilité avec laquelle le duc de Châtelherault, qui touchait lui-même de si près à la couronne, avait cédé sa place à Marie de Guise; mais personne n'en fut aussi irrité que le frère naturel du duc, qui avait succédé à Beaton comme archevêque de Saint-André. Il se déchaîna ouvertement, et dans les termes les moins mesurés, contre l'ame basse et rétrécie de son frère, qui avait ainsi abandonné la régence, lorsqu'il n'y avait — qu'une petite criarde — entre lui et le trône.

La régente, une fois maîtresse du pouvoir, voulut, pour s'y maintenir, diminuer le pouvoir de la noblesse en augmentant celui de la couronne. Dans cette intention, elle proposa de lever un impôt sur tout le pays pour soudoyer des troupes, au lieu de confier la défense de l'état aux nobles et à leurs vassaux. Cette proposition fut très-mal reçue par les membres du parlement écossais. — Nous défendrons mieux nos familles et notre pays que des mercenaires, s'écrièrent-ils; c'est ainsi que faisaient nos pères, et nous suivrons l'exemple qu'ils nous ont laissé. Le comte d'Angus ayant été réprimandé pour être venu au parlement avec une escorte de mille cavaliers, ce qui était contraire à une proclamation de la reine régente, qui défendait à qui que ce fût de voyager autrement qu'avec son train ordinaire, répondit en plaisantant, — que ces drôles-là ne voulaient point le quitter, et qu'il serait fort obligé à la reine, si elle pouvait trouver un moyen de le débarrasser de ces coquins qui consommaient son bœuf et sa bière. Elle eut aussi peu de succès lorsqu'elle voulut persuader au comte de lui céder son château-fort de Tantallon, sous prétexte d'y placer une garnison pour le défendre contre les Anglais. Il répondit d'abord indirectement, comme s'il parlait à un faucon qu'il tenait sur le poing et à qui il donnait à manger. — Il faut, dit-il, que cette bête gloutonne ait le diable au corps! N'en aura-t-elle jamais assez? La reine fit semblant de ne pas le comprendre, et continua ses sollicitations. — Le château, madame, répondit-il, sera le vôtre dès que vous l'ordonnerez; mais par Sainte-Brigite de Douglas! il faut que j'en sois le commandant, et je vous le garderai aussi bien qu'aucun de ceux que vous pourriez y placer. Les autres seigneurs pensaient de même qu'Angus, et ils ne voulurent jamais consentir à ce qu'on soudoyât des troupes, dont ils craignaient que la reine ne se servit à son gré pour restreindre la liberté du royaume.

L'influence du protestantisme en Écosse fortifia les nobles dans leur intention de mettre un frein au désir de la reine d'augmenter son pouvoir. Plusieurs seigneurs du plus haut rang, et un nombre encore plus considérable de petits barons, avaient embrassé les doctrines de la réformation, et John Knox, homme plein de courage, de zèle et de talent (1), faisait tous les jours par ses prédications de nouveaux convertis.

(1) Ajoutons : et de fanatisme. — Éd.

Quoique zélée catholique, la reine régente avait pendant quelque temps toléré et même favorisé le parti protestant, parce qu'il soutenait son autorité contre celle des Hamiltons ; mais le système politique adopté en France par ses frères de la maison de Guise l'obligea à changer de conduite en cette occasion.

Vous devez vous rappeler qu'Édouard VI succéda à Henry son père. Il embrassa la religion protestante, et acheva l'œuvre de la réformation que son père avait commencée. Mais il mourut très-jeune, et sa sœur Marie d'Angleterre, fille de Henry VIII et de sa première femme, Catherine d'Aragon, dont il s'était séparé sous prétexte de scrupules de conscience, lui succéda. Cette princesse s'efforça de rétablir la religion catholique, et fit exécuter les lois contre l'hérésie avec la plus grande rigueur. Plusieurs personnes furent brûlées sous son règne, ce qui lui fit donner le surnom de Sanguinaire. Elle mourut après un règne court et malheureux, et sa sœur Élisabeth monta sur le trône, à la satisfaction de toute l'Angleterre. Cependant les catholiques des pays étrangers, et surtout ceux de France, contestèrent les droits d'Élisabeth à la couronne. Elle était fille de Henry et de sa seconde femme, Anne de Boulen ; et comme le pape n'avait jamais ratifié ni le divorce du roi, ni son mariage avec Anne de Boulen, les catholiques prétendaient qu'Élisabeth était illégitime, et n'avait par conséquent aucun droit au trône, et que, Henry VIII n'ayant pas d'autre enfant, c'était la reine d'Écosse, la jeune Marie, qui devait régner, comme petite-fille de Marguerite, sœur de

Henry, et femme de Jacques IV, puisqu'elle se trouvait être, selon eux, la plus proche héritière légitime de son grand oncle.

La cour de France, ne considérant pas que les Anglais devaient être les meilleurs juges des droits de leur reine, résolut, dans une heure fatale, de faire valoir les prétentions de Marie à la couronne d'Angleterre. Des monnaies furent frappées, sur lesquelles Marie et le dauphin son époux prirent le titre et les armoiries de l'Angleterre aussi-bien que de l'Écosse. On commanda également de la vaisselle d'argent, ciselée avec les mêmes armoiries et la même désignation. Ainsi furent jetés les premiers fondemens de cette haine mortelle qui devait diviser Élisabeth et Marie, et qui eut, comme vous l'apprendrez bientôt, de si fatales conséquences.

Lorsque Élisabeth vit que la France se disposait à contester ses droits à la couronne d'Angleterre, elle se prépara à les soutenir avec toute l'énergie et avec toute la prudence de son caractère. Son premier soin fut de rendre à la religion réformée la protection qui lui avait été accordée par Édouard VI, et de renverser les institutions catholiques que Marie, qui avait régné avant elle, s'était efforcée de rétablir. Par la même raison que les catholiques de France et d'Écosse étaient ses ennemis naturels, et qu'ils étaient prêts à soutenir les droits de Marie, de préférence aux siens, elle était sûre de trouver des partisans parmi les protestans d'Écosse, qui ne pouvaient s'empêcher d'éprouver du respect, et même de l'affection, pour une princesse qui était regardée avec raison comme la protectrice de la cause protestante dans toute l'Europe.

Lors donc que ces changemens eurent lieu en Angleterre, la reine régente, à l'instigation de ses frères de la maison de Guise, recommença à persécuter les protestans en Écosse, tandis que leurs chefs implorèrent la protection, les secours et les conseils d'Élisabeth, qui était toute disposée à les leur accorder, puisque leur cause était aussi la sienne. Ainsi pendant que la France s'évertuait vainement à réclamer le royaume d'Angleterre au nom de Marie et en appelait aux catholiques anglais, Élisabeth parvenait beaucoup plus efficacement à accroître les dissensions intestines de l'Écosse en épousant la cause des protestans de ce pays.

Ces protestans écossais ne consistaient pas seulement en quelques hommes studieux et réfléchis, que leur esprit spéculatif avait conduits à adopter des opinions particulières en matière de religion, et qu'on pouvait traîner devant les cours spirituelles, mettre à l'amende, emprisonner, piller, bannir ou brûler à volonté. La cause de la réformation avait alors été embrassée par une grande partie de la noblesse, et comme c'était en même temps celle d'une religion sage et d'une liberté légitime, elle avait pour partisans presque tout ce qu'il y avait d'hommes véritablement éclairés.

Parmi les convertis à la foi protestante se trouvait un fils naturel du feu roi Jacques V, qui, étant destiné à l'Église, était appelé à cette époque lord Jacques

Stuart, prieur de Saint-André, mais qui fut plus connu par la suite sous le nom de comte de Murray. C'était un jeune homme rempli de talens, brave et habile pendant la guerre, plein de patriotisme et d'amour pour la justice pendant la paix. La régularité de sa conduite, sa sagesse et son zèle pour la religion réformée le rendirent l'un des lords les plus actifs de la Congrégation, comme on appelait alors les chefs du parti protestant (1).

La régente, cédant aux instances de ses frères plutôt qu'à son propre cœur, qui, naturellement bon, ne lui eût inspiré que des mesures de modération et de douceur, commença la querelle en sommant les prédicateurs protestans de comparaître devant une cour de justice à Stirling, le 10 mai 1559; mais ils furent accompagnés d'un tel concours d'amis et de partisans, que la reine régente effrayée promit de ne point donner suite au procès, à condition qu'ils n'entreraient pas dans la ville. Cependant, manquant à sa parole, elle les fit condamner comme contumaces, quoiqu'ils n'eussent fait qu'obéir à ses ordres en s'abstenant de comparaître. Les deux partis prirent une contenance ouvertement hostile, et un incident, en venant augmenter encore leur animosité, donna à la cause de la réformation une couleur particulière de fanatisme et d'emportement religieux.

Les protestans avaient établi leur quartier-général à

(1) Voyez le portrait du comte de Murray et des principaux lords de la *Congrégation*, dans le *Monastère* et dans l'*Abbé*. — Éd.

Perth, où ils avaient déjà commencé l'exercice public de leur religion. John Knox, dont nous avons déjà cité l'éloquence, venait de prononcer contre le péché de l'idolâtrie un sermon très-véhément, dans lequel il n'avait pas épargné à la régente les reproches qu'elle méritait pour avoir manqué si formellement à sa promesse.

A la fin du sermon, et lorsque l'esprit de ses auditeurs était encore tout agité de ce qu'ils venaient d'entendre, un moine présenta un petit tabernacle, ou coffre de verre, renfermant des images de saints, qu'il dit aux assistans d'adorer. Un enfant qui se trouvait auprès de lui, s'écria que c'était — une grossière et coupable idolâtrie. Le prêtre, aussi imprudent dans sa colère qu'il avait été maladroit dans son excès de zèle, s'emporta jusqu'à frapper l'enfant, et celui-ci, pour se venger, jeta une pierre qui brisa l'une des images. Aussitôt tout le peuple se mit à lancer des pierres, non-seulement aux images, mais contre les beaux vitraux de couleur, puis renversa les autels, brisa les statues et les ornemens d'architecture, et détruisit presque tout l'édifice. Cet exemple fut suivi dans d'autres villes, et nous avons à regretter la perte d'un grand nombre de superbes monumens contre lesquels se dirigea la fureur de la populace, et qui furent ou renversés de fond en comble, ou réduits à n'être plus que des monceaux informes de ruines.

Les réformateurs éclairés n'autorisèrent pas ces excès, quoique le bas peuple eût quelques raisons pour se porter à de pareilles extrémités, sans parler de son penchant naturel pour tout tout ce qui est désordre et confusion. Un point essentiel de dissidence entre les catholiques et les protestans était que les premiers regardaient les églises comme des enceintes par elles-mêmes sacrées et vénérables, que c'était une œuvre méritoire, ou pour mieux dire, un devoir rigoureux, d'embellir de tous les ornemens d'architecture les plus recherchés. Les protestans écossais ne les regardaient au contraire que comme de simples bâtimens de pierre et d'argile, n'ayant aucun droit spécial au respect, du moment que le service divin était terminé. Défigurer, détruire même les belles églises catholiques, parut donc aux premiers réformateurs le moyen le plus simple de manifester leur zèle contre les superstitions du papisme. Il pouvait y avoir de la politique à renverser les abbayes et les monastères. — Abattons les nids, disait John Knox, et les corbeaux s'envoleront. Mais cette maxime ne s'appliquait pas aux édifices consacrés au culte public. Pour ceux-là du moins, il eût été mieux de suivre l'exemple des citoyens de Glascow, qui prirent les armes en voyant la populace s'apprêter à démolir la cathédrale de cette ville, et qui, les premiers à montrer toute l'ardeur de leur zèle en effaçant tous les emblèmes du papisme, insistèrent pour que l'édifice lui-même fût respecté, et fût converti en temple protestant.

A tout prendre néanmoins, si, dans la première fureur de la réformation, plusieurs beaux monumens furent détruits en Écosse, il vaut encore mieux que le pays en soit privé que d'y entendre prêcher encore les doctrines corrompues et superstitieuses qu'on y enseignait.

La démolition des églises et des édifices sacrés augmenta encore le mécontentement de la reine régente contre les lords de la Congrégation, et les deux partis finirent par prendre les armes. Les seigneurs protestans se mirent à la tête de leurs nombreux adhérens; la reine avait pour principal appui un petit corps de troupes d'élite françaises. La guerre ne fut pas poussée avec beaucoup de vigueur. Le duc de Châtelherault, le premier seigneur d'Écosse, embrassa une seconde fois la cause de la Congrégation, et Maitland de Lethington, un des hommes d'état les plus instruits du royaume, en fit autant. Cependant, quoiqu'il fût facile aux lords de la Congrégation de lever des troupes considérables, ils n'avaient ni l'argent ni les ressources nécessaires pour les tenir long-temps rassemblées, tandis que les vieux soldats de France étaient toujours prêts à saisir l'avantage, dès que leurs ennemis étaient obligés de diminuer leurs forces. La position des réformateurs devint plus difficile encore lorsque la reine régente entreprit de fortifier la ville de Leith et l'île adjacente d'Inch-Keith, et qu'elle y plaça ses soldats français en garnison. Une fois maîtresse de ce port de mer, elle pouvait en tout temps, et lorsqu'elle le voudrait, introduire en Écosse de nouveaux renforts de troupes étrangères.

Peu versés dans l'art de conduire un siège, et n'ayant point d'argent, les lords de la Congrégation eurent recours à l'Angleterre; et pour la première fois on vit une flotte et une armée anglaise entrer en Écosse tout à la fois par terre et par mer, non pas, comme autrefois, pour l'envahir, mais pour aider la nation à repousser les armes de la France et la religion de Rome.

L'armée anglaise fut bientôt jointe par les lords écossais de la Congrégation, et s'avançant vers Leith, mit le siège devant cette ville. Leith fut défendu avec la valeur la plus intrépide par les Français, qui se couvrirent de gloire par une résistance si opiniâtre, qu'ils déjouèrent pendant long-temps tous les efforts des assiégeans. Cependant, bloqués par la flotte anglaise, ils ne pouvaient recevoir par mer aucuns vivres, tandis que du côté de la terre ils étaient entourés par une armée considérable. La disette devint si affreuse, qu'ils en furent réduits à manger des chevaux.

Pendant ce temps, la reine régente, leur maîtresse, s'était retirée dans le château d'Édimbourg, où la fatigue, la douleur, le désappointement, lui occasionèrent une maladie dont elle mourut le 10 juin 1560. Les troupes françaises renfermées dans Leith étaient alors réduites à la dernière extrémité, et François et Marie se déterminèrent, pour rétablir la paix en Écosse, à faire les concessions les plus importantes au parti protestant. Ils consentirent, au lieu de nommer un nouveau régent, à ce que l'administration du gouvernement fût confiée à un conseil choisi par le parlement; ils publièrent un acte d'indemnité, comme on l'appelle, c'est-à-dire un acte par lequel ils pardonnaient toutes les fautes commises pendant ces guerres; et quant aux controverses de religion, ils laissaient au parlement le soin d'en décider, ce qui, par le fait, était donner gain de cause au parti de la réformation. Par suite de cet arrangement, toutes les troupes étrangères, françaises et anglaises, évacuèrent l'Écosse.

L'Angleterre, et surtout la reine Élisabeth, obtinrent un grand point par ce traité; car il reconnut en termes exprès les droits de cette princesse au trône, et François et Marie renoncèrent solennellement à les lui disputer, s'engageant à ne plus prendre à l'avenir, comme ils l'avaient déjà fait, le titre et les armes de roi et de reine d'Angleterre.

Le parlement d'Écosse s'étant assemblé, on vit bientôt que les réformateurs avaient le pouvoir et la volonté de diriger toutes les délibérations sur les matières religieuses. Ils condamnèrent à l'unanimité tout l'édifice du papisme, et adoptèrent, au lieu des dogmes de l'Église romaine, les doctrines contenues dans une Confession de foi qui fut rédigée par les ministres protestans les plus habiles. Ainsi toute la constitution religieuse de l'Église se trouva changée entièrement.

Il y avait un point sur lequel les réformateurs écossais différaient essentiellement de ceux d'Angleterre. Le monarque anglais, qui avait aboli le pouvoir du pape, y avait substitué celui de la couronne, comme chef visible de l'église d'Angleterre. Le sens de cette phrase est, non pas que le roi a le pouvoir de changer les doctrines religieuses de l'Église, mais seulement qu'il doit être le chef du gouvernement en matière religieuse comme en matière civile. Au contraire, les ministres du culte réformé en Écosse ne reconnaissaient à qui que ce fût, ni au roi, ni à aucun magistrat, le droit de s'immiscer dans les affaires de l'Église, qui étaient régies par une commission de délégués choisis dans son propre sein, auxquels était adjoint un certain nombre de laïques, formant ce qu'on appelle une Assemblée générale. Les réformateurs écossais n'admirent pas non plus la division du clergé en évêques, doyens, prébendaires, et toutes les autres classes de la hiérarchie ecclésiastique. Ils supprimèrent cette distinction de rangs, quoiqu'elle eût été maintenue dans l'église protestante d'Angleterre, posant en principe que tout prêtre à qui la conduite d'un troupeau était confiée devait marcher de pair, sous tous les rapports, avec le reste de ses frères. Leur plus grand grief contre l'épiscopat était la place qu'il occupait dans le conseil ou parlement de la nation, et ils supprimèrent cet ordre, en s'appuyant sur ce que des prêtres ne devaient pas se mêler des affaires temporelles, parce que c'était ainsi que s'acquérait cet empire sur les consciences qu'on reprochait tant à l'Église romaine d'avoir usurpé. Les laïques, et surtout la haute noblesse, virent avec plaisir l'empressement des ministres à renoncer à toutes prétentions aux honneurs et aux dignités de ce monde, pour lesquels le clergé catholique avait toujours montré tant d'attachement; et ils profitèrent de cette abnégation volontaire pour réduire les revenus annuels qui devaient leur être assignés sur les fonds de l'Église à la somme la plus modique possible, et s'approprier le reste sans aucun scrupule.

Il restait à disposer des immenses richesses du clergé catholique, qui passait pour posséder la moitié du revenu territorial de l'Écosse. Knox et les autres ministres du nouveau culte avaient formé un plan pour prendre sur ces fonds de quoi fonder une Église nationale et pourvoir à ses besoins, proposant d'employer l'excédant à fonder des hôpitaux, des écoles publiques et des universités. Mais les lords qui s'étaient emparés des biens de l'Église étaient biens décidés à ne pas s'en dessaisir, et ceux qui s'étaient montrés les plus ardens à détruire le papisme furent d'une froideur extraordinaire quand on leur proposa de restituer les terres qu'ils avaient accaparées dans leur intérêt personnel. — Le plan de John Knox était, disaient-ils, une « imagination dévote, » un projet visionnaire qui montrait les bonnes intentions du prédicateur, mais qu'il était impossible de réaliser (1).

Lorsque François et Marie, qui alors étaient devenus roi et reine de France, apprirent que le parlement écossais avait entièrement changé la religion, et avait substitué partout les doctrines de la réformation à celles de l'Église catholique, ils furent dans une grande fureur; et si le roi eût vécu, il est très-probable qu'il eût refusé de consentir à cette grande innovation, et qu'il eût préféré rallumer le flambeau de la guerre en envoyant une nouvelle armée française en Écosse. Mais s'ils méditaient une semblable mesure, elle se trouva tout à coup

(1) Tout le secret du triomphe de la réforme est dans ce passage.
Éd.

arrêtée par la mort de François II, qui arriva le 4 décembre 1560.

Tant que son mari avait vécu, Marie avait exercé une grande autorité en France; car elle avait sur son esprit un empire illimité; mais à sa mort, et lorsque Charles, son frère, fut monté sur le trône, ce pouvoir cessa entièrement. Il dut être pénible pour une ame aussi élevée que celle de Marie de ne plus trouver que de la froideur et de l'indifférence dans les mêmes lieux où elle avait reçu tant d'hommages et tant d'honneurs. Elle quitta donc la cour de France, et résolut de retourner en Écosse, dans sa terre natale : résolution qui n'avait rien en elle-même que de naturel, mais qui devint l'origine de longues et déplorables infortunes.

FIN DU TOME SECOND DE L'HISTOIRE D'ÉCOSSE.

# TABLE

## DES CHAPITRES DE CE VOLUME.

### CHAPITRE XVI.

Pages.

Régence de Robert, duc d'Albany. — Bataille d'Harlaw. — Régence de Murdac, duc d'Albany. — Exploits des Écossais en France. — Retour de Jacques I<sup>er</sup> en Écosse.    5

### CHAPITRE XVII.

Règne de Jacques I<sup>er</sup>. — Exécution de Murdac, duc d'Albany. — État des Highlands. — Conspiration contre Jacques I<sup>er</sup>. — Assassinat de ce prince. — Châtiment des conspirateurs.    14

### CHAPITRE XVIII.

Règne de Jacques II. — Guerres avec les Douglas. — Mort du Roi.    26

### CHAPITRE XIX.

Règne de Jacques III. — Insurrection des Homes et des Hepburns. — Meurtre du Roi.    49

## CHAPITRE XX.

Pages.

Règne de Jacques IV. — Exploits sur mer de sir André Wood. — Procès de lord Lindsay des Byres. — Invasion des Écossais en Angleterre, en faveur de Perkin Warbeck. — Traité avec l'Angleterre, et mariage de Jacques avec Marguerite, fille de Henry VII.     77

## CHAPITRE XXI.

Améliorations des lois écossaises. — Différends de l'Angleterre et de l'Écosse. — Invasion en Angleterre. — Bataille de Flodden, et mort de Jacques IV.     93

## CHAPITRE XXII.

Conséquences de la bataille de Flodden. — La reine douairière Marguerite prend la régence, et épouse le comte d'Angus. — Le duc d'Albany est rappelé de France. — Démêlés entre son parti et celui de Marguerite. — Lutte sanglante entre les Douglas et les Hamiltons dans High-Street à Édimbourg. — Prise de Jedburgh. — Le duc d'Albany quitte l'Écosse pour toujours.     117

## CHAPITRE XXIII.

Le comte d'Angus prend le gouvernement de l'État. — Vains efforts de Buccleuch et de Lennox pour soustraire le jeune roi au pouvoir d'Angus. — Évasion de Jacques. — Bannissement d'Angus et du reste des Douglas.     134

## CHAPITRE XXIV.

Caractère de Jacques V. — Il entreprend de réprimer les excès commis par les habitans des frontières. — Châtiment des coupables. — Aventures de Jacques parcourant ses États déguisé. — Fête donnée par le comte d'Athole. — Institution du collège de Justice. — Mines d'or d'Écosse. — Encouragemens donnés aux lettres. 148

## CHAPITRE XXV.

Abus de l'Église de Rome. — Réformation en Angleterre et en Écosse. — Guerre avec l'Angleterre. — Mort de Jacques V. 165

## CHAPITRE XXVI.

Négociations pour un mariage entre la jeune reine Marie et le prince Édouard d'Angleterre. — Elles ne réussissent pas. — Invasion en Écosse. — Administration et mort du cardinal Beaton. — Bataille de Pinkie. — Marie Stuart est envoyée en France et la reine douairière devient régente. — Progrès de la réformation. — Marie se décide à retourner en Écosse. 188

FIN DE LA TABLE DU TOME SECOND.

# ŒUVRES COMPLÈTES
## DE
# JAMES FENIMORE COOPER.

Cette édition sera précédée d'une notice historique et littéraire sur les États-Unis d'Amérique; elle formera vingt-sept vol. in-dix-huit, imprimés en caractères neufs de la fonderie de Firmin Didot, sur papier jésus vélin superfin satiné; ornés de vingt-sept titres avec des vignettes représentant des scènes tirées des romans américains et des vues des lieux décrits par l'auteur, gravés en taille-douce par MM. Alfred et Tony Johannot, sur leurs propres dessins, composés d'après des documens authentiques; de neuf cartes géographiques destinées spécialement à chaque ouvrage, par A. Perrot et P. Tardieu; d'une carte générale des États-Unis d'Amérique, et d'un portrait de l'auteur. La traduction est entièrement revue sur le texte, et elle est accompagnée de notes explicatives.

# ŒUVRES COMPLÈTES
# DE SIR WALTER SCOTT.

Cette édition est précédée d'une notice historique et littéraire. La traduction est entièrement revue sur le texte, et elle est accompagnée de notes explicatives. Elle formera quatre-vingts vol. in-18, ornés de 250 gravures, vignettes et cartes géographiques, et d'un portrait de l'auteur.

### CONDITIONS DE LA SOUSCRIPTION AUX DEUX COLLECTIONS.

Il paraît tous les mois une livraison de chacun des auteurs. Chaque livraison se compose de trois vol. de texte et d'un atlas renfermant les planches. Prix :  12 fr.

ON SOUSCRIT, SANS RIEN PAYER D'AVANCE, CHEZ LES ÉDITEURS,

| CHARLES GOSSELIN, LIBRAIRE | A. SAUTELET ET C°, |
|---|---|
| DE S. A. R. M. LE DUC DE BORDEAUX, | LIBRAIRES, |
| Rue St.-Germain-des-Prés, n. 9. | Place de la Bourse. |

www.ingramcontent.com/pod-product-compliance
Lightning Source LLC
Chambersburg PA
CBHW071911160426
43198CB00011B/1253